Manda fuego, Señor:

Introducción al

pentecostalismo

A
Samuel,

Que el Señor continúe
bendiciendo tu vida y ministerio
es mi oración.

Tu Amigo y Hermano
en
Cristo,

Eldin

4/9/13

Manda fuego, Señor:

Introducción al

pentecostalismo

ABINGDON PRESS / Nashville

INTRODUCCIÓN AL PENTECOSTALISMO: MANDA FUEGO, SEÑOR

Derechos reservados © 2012 por Abingdon Press

Este libro fue impreso en papel sin ácido.

ISBN-13: 978-1-4267-5811-9

12 13 14 15 16 17 18 19 20 21–10 9 8 7 6 5 4 3 2 1
HECHO EN LOS ESTADOS UNIDOS DE NORTEAMÉRICA

"Manda fuego, Señor"

Manda fuego, Señor, manda fuego, Señor,
Y avívanos con tu poder,
no dejes que Satán nos vaya a apagar,
el Espíritu Santo de Dios.

Corito "clásico" pentecostal

Dedicatoria para

Edward
(1936 - 2007)
1 Samuel 30:9-10, 21-25 y
el Rdo. Roberto Miranda, Ph.D.
(Pastor Pentecostal)

Contenido

Prólogo

Soy un aleluya – ¿So what?
("I am a Hallelujah – ¿Y qué?")

Aunque me llamen un aleluya, no vuelvo atrás, no vuelo atrás. --Coro pentecostal

Recuerdo el día en que conocí a los pentecostales. Mi padre trabajaba esa tarde en el aserradero y mi madre se encontraba en la cama enferma de pulmonía. Alguien tocó a la puerta. Mi hermana de seis años de edad y yo de cuatro años abrimos la puerta. Eran los "aleluyas". Con la Biblia en sus manos visitaban el barrio. Les informamos que nuestra madre no podía atenderles debido a su enfermedad. La pareja respondió diciendo, "¿sabían que Dios la puede sanar? ¿Pregúntenle si podemos orar por ella?" Esto era algo nuevo para nosotros. Papá era de la fe Católica y mamá de la iglesia Metodista. No asistíamos a ninguna iglesia. Pero mamá consintió, "¡Díganles que pasen!" La pareja entró y oró por mamá. Al instante ella recibió su sanidad. ¡Ese día fue la introducción del pentecostalismo a nuestro hogar en una manera oportuna y concreta!

Han pasado muchos años desde aquel día. Hoy día el pentecostalismo es un fenómeno global. El libro *Manda fuego, Señor: Introducción al pentecostalismo* por el Dr. Eldin Villafañe es la prima facie del pentecostalismo latino. Es la primera mirada del pentecostalismo que abarca a los Estados Unidos de América, el Caribe y la América Latina. La parte primera del libro cubre la historia y el desarrollo del pentecostalismo global con un vistazo particular al pentecostalismo latino en los Estados Unidos y en las Américas (Sudamérica, México, Centroamérica y el Caribe Latino). La segunda parte es sobre la espiritualidad y teología del pentecostalismo y es de carácter inductivo, es decir, utiliza características que surgen de la experiencia diaria concreta. De su íntima solidaridad con el pueblo latino, Eldin identifica las características de esta espiritualidad pentecostal. Esta parte creo es la más valiosa del libro. Hasta ahora no existe otra obra más perspicaz e introspectiva que defina al pentecostal latino. Ella forja un cuadro nuevo y significativo mediante una investigación formal y a la vez académica. Al fin de cuentas, si el latino no se define a sí mismo, otros lo harán. Esto ya sucede. La última parte del libro da a saber que ya existe el "fuego extraño" y define las tendencias e interpretaciones que pueden desviar el destino, el *quo vadis* del movimiento.

Debo confesar que mi convicción sobre la importancia del libro de mi amigo y colega Eldin es más antigua que el libro que hoy empiezas a leer. En mi primera mirada del libro yo pensé, ¡Ya era tiempo! Sí, ya era tiempo (*it's about time*) que se escribiera un libro que responda a las preguntas e incógnitas sobre el pentecostalismo latino. Ya era tiempo que se diera el aviso del lugar que debe ocupar el Espíritu en la comunidad evangélica y pentecostal latina; ya que en la cultura dominante del Mundo Occidental el Espíritu Santo es conocido como "la Cenicienta" (*Cinderella*) de la teología. Ya era tiempo de un estudio serio sobre la idiosincrasia y la realidad bíblica del pentecostalismo, especialmente de aquellos de nosotros que vivimos en el Norte, los Samaritanos del día moderno que vivimos al margen de los dos mundos, Latino y Anglo.

Manda fuego, Señor, con un sabor borinqueño y calor caribeño se siente casero y llega hasta el meollo, "da al grano" como dicen los mexicanos, del pentecostalismo. Al trazar la historia, la esencia y la trayectoria del pentecostalismo latino, Eldin da respuesta a preguntas básicas sobre el pentecostalismo: **¿Qué quiere decir ésto?, ¿Y qué?, ¿Hacia dónde vamos?** El carácter del pentecostalismo radica en su naturaleza distintiva espiritual y teológica, a saber, el ferviente culto, la Escritura viva, los parámetros teológicos y el canto festivo.

El punto central de la vida eclesial latina son los cultos pentecostales. Es el indicador de las actitudes, el estilo de vida, la cosmovisión y la participación social del pueblo. Aunque espontáneos y emotivos, existe en los cultos un orden en el tejido de la petición y la oración, la alabanza y la adoración donde el pueblo en conjunto participa creando un drama sagrado. Más que ser sólo una reunión o evento, sucede algo más a fondo. Como escribe Eldin, "el culto es el *locus teologicus* –el culto es la teología y la teología es el culto".

Para el pentecostal latino la Escritura es palabra viva. Aunque sea acusado de ser Espíritu-céntrico, es más exacto, según Eldin, ver al pentecostal como Cristo-céntrico. Lee las Escrituras desde el margen y a través de sus experiencias subversivas y liberadoras, las cuales aportan un sentir apasionado y exuberante. El latino ve las cosas sintéticamente y habla en forma subjetiva y difiere de su vecino, el Anglo, que ve las cosas analítica y objetivamente.

La teología del latino es una "teología del camino". Rara es la vez que es iniciada por conceptos y dictámenes doctrinales. Eldin elabora sobre cuatro temas de la Cristología y los cuatro principios básicos de la Reforma, ubicando a los pentecostales en el campo de los evangélicos tradicionales. Su énfasis en la experiencia hace a ésta el vehículo para validar la autenticidad de su orientación doctrinal, un "sentipensar". La experiencia del Espíritu Santo es el distintivo del pentecostal; aunque no exista uniformidad y consenso sobre el hablar en lenguas.

El latino pentecostal canta su teología de manera ferviente y festiva. "Los aleluyas" fusionan su pasión y emoción en una expresión física como elementos integrales de la adoración a Dios demostrativa. Semejante a la raza negra en esclavitud en Estados Unidos, a quienes no se les permitía ni leer ni escribir, la música *soul* llegó a ser su mejor medio de comunicación, así el canto tiene un efecto nivelador para el latino pentecostal frente a actitudes y condiciones alienantes. Se canta con el alma no sólo con los labios.

Desde mi niñez recuerdo cantar repetidas veces del himnario *Himnos de Gloria* las palabras de cantos tales como: (1) *Santa Biblia para mí, eres un tesoro siempre aquí, tú me dices lo que soy, de quien vine y a quien voy*; (2) *Bellas palabras de vida, son las de Cristo Jesús. Ellas alientan mi alma*; (3) *Gloria cantemos a nuestro Salvador*; (4) *El Espíritu de Dios se mueve, se mueve dentro de mi corazón*; y (5) *Del fondo de mi alma salió un aleluya.*

Como apologista y protagonista pentecostal, Eldin da de "beber agua de nuestro mismo pozo" al pentecostal latino; viviendo su propia vida y no imitando lo de otros. A la vez, da el merecido reconocimiento y respeto a los pioneros y a las heroínas y a los héroes de la fe quienes, como ríos en el desierto, regaron el terreno que hoy da fruto en abundancia a través de los Estados Unidos, Puerto Rico, el Caribe y más allá. En una manera significativa el contenido de este libro saciará la sed de una nueva generación con lo más atinado, completo y profundo de la fe pentecostal.

Manda fuego, Señor en una forma muy marcada llama la atención al afecto y el sentir humano con su enfoque Espíritu-céntrico. Inclusive, en su acercamiento a la dimensión dinámica espiritual del pentecostalismo aparecen rayos postmodernos y metafísicos. Los pioneros pentecostales por cierto nunca usaron semejantes palabras o vocabulario. Quizás se creía que decir ser "mundano" era usar un vocabulario sin fondo bíblico. Sin embargo, no se puede negar la unión del cuerpo, la mente y el alma en sus expresiones físicas, racionales y emocionales como elementos integrales de una profunda adoración espiritual al Señor. Estas dimensiones experienciales todavía son expresadas a un nivel personal y comunal en los cultos. Consecuentemente el alma mueve, el ánimo alienta, la mente medita, y espíritu reflexiona en el culto pentecostal. De aquí, la súplica *¡Manda fuego, Señor!*

Los neologismos, o sea las palabras nuevas y las frases contemporáneas en el libro, sirven para plantar argumentos persuasivos y profundos para la generación moderna. Los de la vieja guardia (lo digo con respeto ya que soy uno de ellos) confesamos nuestra ineptitud ante la presencia del Espíritu Santo cantando la estrofa, "Oh gran eterno amor, mi lengua débil es para poder contar el don que recibí". Esto todavía sucede. Lo importante es que la dimensión espiritual se integre con las interrogantes ontológicas (del ser) y epistemológicas (del saber) de nuestra identidad latina y pentecostal. Lo que sucede es que "un abismo llama a otro abismo", a saber, es el cortejo del Espíritu Santo con el espíritu humano. El apóstol Pablo al tener tal encuentro exclamó:

¡Oh profundidad de las riquezas de la sabiduría y de la ciencia de Dios! ¡Cuán insondables son sus juicios, e inescrutables sus caminos! Porque ¿quién entendió la mente del Señor? ¿O quién fue su consejero? ¿O quién le dio a él primero, para que le fuese recompensado? Porque de él, y para él, son todas las cosas. A él sea la gloria por los siglos. Amén. (Rom 11:33-36)

El día de Pentecostés fue novedoso creando una nueva imagen con un ímpetu fresco del Espíritu Santo. Dejó a las multitudes pasmadas y perplejas al oír proclamar las maravillas de Dios y al observar las "lenguas de fuego", dando a pensar "que están borrachos". *Manda fuego, Señor* capta esto en forma exegética, teológica y experiencial ofreciendo una explicación contemporánea. Dado el mérito integral, invariable y eterno del Reino de Dios y la veracidad del Espíritu Santo, este libro nos deja con la pregunta *¿Quo vadis?* (¿Hacia dónde vamos?).

Dentro del presente contexto, el futuro y la vitalidad del pentecostalismo será práctico, profético y pentecostal. Se marcha hacia un mundo nuevo y desconocido. El latino pentecostal debe hacer lo que el teólogo Karl Barth dijo *mutatis mutandis* (cambiar lo que se debe cambiar) con el fin de cumplir la voluntad y los propósitos de Dios en nuestra generación. El libro *Manda fuego, Señor* me hace pensar en las siguientes propuestas:

Propuestas hacia un futuro práctico: (1) ya que no podemos saber el futuro, necesitamos la historia que nos ayude a ver el presente más claramente; (2) se necesita el cultivo del afecto constitucional, la emoción ontológica latina y el deseo elevado del saber "quien soy" dentro la comunidad evangélica; (3) se debe establecer diálogo creativo entre el "antiguo saber" (los sueños del anciano) de la tradición y la Escritura y el "nuevo saber" teológico y escatológico (la visión del joven); (4) el desarrollo de una generación nueva con el corazón del rey David, el salmista, y con la mente del apóstol Pablo, el apologista, que establezca un diálogo global; y (5) el fresco encuentro con el Evangelio que necesita el mundo occidental, donde predomina la ciencia y el razonamiento, que quizás se encuentre en el pentecostalismo que Eldin aquí describe.

Propuestas hacia un futuro profético: (1) como profetas, procurar la transformación de la cultura exhortando a las instituciones en el centro de la sociedad; (2) definir e integrar la verdad bíblica mediante el pensar correcto (ortodoxia) y el sentir correcto (ortopatos) que resulte en una acción correcta espiritual pentecostal (ortopráxis); (3) hacer de la iglesia el modelo del nuevo orden social que el Reino de Dios requiere y que la sociedad modera necesita; y (4) unificar la comunidad de fe cerrando la brecha entre la proposición y la verdad bíblica, entre el corazón encendido del Latino/a pentecostal y la supuesta mente despejada del mundo occidental.

Propuestas hacia un futuro pentecostal: (1) eliminar el déficit del éxtasis espiritual existente en Norte América con la vitalidad del gozo del Señor que existe en América Latina; (2) concurrir con la *Carta Magna* pentecostal en Hechos 2 que revela la preferencia escatológica sobre la histórica en el plan inclusivo de Dios de una comunidad evangélica y profética diversa y global; y (3) tal como se lee en Manda fuego, Señor, hay que dar a entender que Dios afirma la diversidad étnica y lingüística de la humanidad y da conocer la importancia del rol del pluralismo racial en los futuros propósitos de Dios. Es decir, el plan hacia el pentecostalismo glo-bal del Evangelio está en boga según el mensaje del apóstol Pedro y la profecía del profeta Joel.

> ...en los postreros días, dice Dios, derramaré mi Espíritu sobre toda carne, Y vuestros hijos y vuestras hijas profetizarán. Vuestros jóvenes verán visiones y vuestros ancianos soñarán sueños; Y de cierto sobre mis siervos y sobre mis siervas derramaré mi Espíritu y profetizarán".
>
> -Joel 2:28-32; Hechos 2: 17-18

Manda fuego, Señor!

Dr. Jesse Miranda
Executive Presbyter,
The General Council of the Assemblies of God,
President of The Miranda Center &
CEO of National Hispanic Christian Leadership Conference

Prefacio

$\mathcal{D}$icen que hay recuerdos de la niñez que uno nunca olvida. Tal fue aquella noche fría y con nieve a principios de 1950 en la ciudad de Nueva York. Estábamos reunidos en un "templo", o mejor dicho, un *storefront*, de una humilde congregación pastoreada por el Rdo. "Tony" Hernández. Estaba frío afuera, pero adentro el culto "estaba encendido", ya que la pequeña feligresía a todo pulmón y con panderetas cantaba "Manda fuego, Señor; manda fuego, Señor y avívanos con tu poder". Cantaba con gran pasión ese corito "clásico" pentecostal –sí clásico, ya que su letra y su ritmo captan el "espíritu" del pueblo pentecostal en su búsqueda, afirmación y promesa del Espíritu Santo. Es un corito que a través del tiempo y del espacio sigue inspirando a todo un pueblo. Estas experiencias inolvidables todavía traen gratas memorias al autor de este libro.

El fuego ha fascinado al ser humano desde tiempo primordial. Algunos pensadores hasta dicen que el cobro de conciencia de superioridad del ser humano comienza cuando éste dominó el fuego, al cual, según ellos, los animales temían. Junto al culto al sol, la veneración al fuego ha sido patrimonio de los pueblos desde la antigüedad. Tal sacralización del fuego, en prácticas rituales por algunos y simbólicas por otros, subrayan las diversas interpretaciones y significado del calor, luz y poder del misterioso fuego.

Para el pentecostal tal fuego es simbólico del "calor", "luz" y "poder" del Espíritu Santo, ya que los atributos y características del Espíritu Santo tienen cierta correlación con la "esencia" misma del fuego (Hch 2:3; 1 Ts 5:19; 2 Tim 1:6). No obstante, se reconoce que no todo fuego es "santo"–hay fuegos "extraños" también. Los fuegos, como los espíritus, se tienen que probar.

Los capítulos que siguen nos darán un retrato del diverso y complejo movimiento global guiado por el Espíritu, llamado pentecostalismo. Se usará la metáfora del "fuego" como marco de referencia para ayudar a describir e interpretar el pentecostalismo. El libro examinará **los orígenes y el desarrollo** del pentecostalismo (capítulos 1-3); **la espiritualidad y teología** (capítulo 4-5); y concluye con *¿Quo vadis?* (capítulo 6). Mi perspectiva y mis palabras son de "uno de la casa", aunque algunas veces con palabras de un "crítico leal". Es importante señalar que esta obra dará atención especial al pentecostalismo Latino urbano.

Algunas partes de este libro, en varios casos actualizadas, han sido previamente publicadas, y se usan con permiso. Deseo reconocer y acreditar las siguientes obras escritas por mí, *El Espíritu Liberador: Hacia una ética social pentecostal hispanoamericana*, Nueva Creación, Buenos Aires, Argentina, 1996; *Fe, Espiritualidad y Justicia: Teología posmoderna de un Boricua en la diáspora*, Publicaciones "Palabra y más", Rio Piedras, Puerto Rico, 2006; y mi ensayo, "El poder del Espíritu Santo y los poderes", publicado con el título "Espiritualidad cristiana y espiritualidades contemporáneas" en el libro, *La fuerza del Espíritu en la evangelización*, editado por C. René Padilla, Ediciones Kairós, Buenos Aires, Argentina, 2006.

¡Qué hermoso es ver al pueblo de Dios apoyar la literatura cristiana! Aquí me refiero, con profunda gratitud, a Manuel y Silvia Pérez por su contribución financiera que facilitó la publicación de este libro.

Quiero expresar mis sinceras gracias a la Asociación para la Educación Teológica Hispana (AETH), y sobre todo al Dr. Justo L. González, quien insistió que escribiera este libro. Unas palabras de gratitud al Seminario Teológico Gordon-Conwell por concederme un sabático académico que permitió dar a luz esta obra; y a mi amigo y hermano en Cristo de muchos años, Dr. Jesse Miranda, por su generoso y atinado prólogo. Estoy muy agradecido al Dr. Roberto Miranda por el aporte a este libro de su meditación pastoral, "La verdadera prosperidad". También muchísimas gracias a mi asistente administrativa *par excellence*, Sra. Naomi Wilshire, del Center for Urban Ministerial Education (CUME) del Gordon-Conwell. Finalmente, mil gracias a mi amada esposa Margarita ("Tita"); no hay palabras para expresar lo que ha significado para mí los casi 50 años de nuestro matrimonio.

PARTE I
Orígenes y desarrollo

CAPÍTULO 1
El fuego se enciende

Definiciones y clasificación tipológica

En la obra *Studying Global Pentecostalism: Theories and Methods* (Estudio del pentecostalismo global: Teorías y métodos) editado por Allan Anderson y otros[1], se subraya la difícil tarea de definir este fenómeno religioso llamado pentecostalismo. Debemos tener en mente lo que Anderson, uno de los eruditos sobre el pentecostalismo global más destacados del mundo, nos recuerda en su ensayo, "Varieties, Taxonomies, and Definitions" (Variedades, taxonomías y definiciones).

> Las definiciones dependen de cuál gama de criterios uno toma. Los criterios son siempre subjetivos y arbitrarios, y las diferencias no podrían ser percibidas como significativas por los movimientos a quien le imponen estos criterios. En cambio, hay también la posibilidad de pasar por alto diferencias que podrían ser muy importantes a los miembros de la iglesia... El fenómeno del pentecostalismo es, sin embargo, mucho mas complejo que cualquier categorización nítida permite. Diferentes eruditos en diferentes disciplinas tienen diferentes criterios.[2]

Cuando hablamos de "pentecostalismo", nos referimos a un movimiento religioso complejo y multifacético. A pesar de que en la mente de muchos se defina únicamente, y en mi propia opinión estrechamente, como un "movimiento de hablar en lenguas," es mucho más que esto. Podríamos decir que aunque la *glossolalia* (el fenómeno de hablar en lenguas) distingue al pentecostalismo, no es su esencia.

Sin correr el peligro de caer en el "reduccionismo" (la tendencia de simplificar lo complejo), creo que la amplia definición que Kilian McDonnell ofrece del término puede resultarnos útil: "[Son pentecostales] aquellos cristianos que ponen el acento en el poder y la presencia del Espíritu Santo, y los dones del Espíritu, orientados hacia la proclamación de que Cristo Jesús es Señor para la gloria de Dios Padre".[3] Así, la diferencia esencial entre los pentecostales y otros cristianos "es el distintivo énfasis pentecostal en la persona, la obra, y los dones del Espíritu".[4]

Una taxonomía del movimiento pentecostal, dado a su complejidad, también corre el peligro de "excesiva simplificación" o "reduccionismo". Creo que la excelente clasificación tipológica y síntesis de Vinson Synan es atinada a los propósitos de esta obra. Para Synan, existen cinco tipos de pentecostalismo.[5]

1. **Los movimientos pentecostales clásicos:** Estas son las Iglesias cuyo origen se remonta a las enseñanzas de Charles F. Parham (Topeka, 1901) y William J. Seymour (Los Ángeles, 1906) en Estados Unidos. Además, se deben incluir aquí otras iglesias que son producto del comienzo policéntrico del pentecostalismo global. Si bien existen en esta clasificación algunas diferencias entre grupos en cuanto a temas tales como la deidad (es decir, el pentecostalismo unitario o "sólo Jesús"), la sanidad divina y la santificación, el denominador común, por lo general, es su aceptación de la *glossolalia* como la evidencia inicial física del "bautismo en el Espíritu Santo".

2. **Los protestantes históricos carismáticos (neopentecostales):** Este grupo representa al movimiento carismático dentro de las denominaciones tradicionales que comenzó alrededor de 1960. Algunos de los factores que lo distinguen de los pentecostales clásicos son: (a) no apoyan necesariamente la teoría de la "evidencia inicial"; (b) tienen una forma más reservada o discreta de adoración; (c) pertenecen, por lo general, a una clase socioeconómica más elevada. Debemos destacar el importante papel que desempeñó el ministerio de Oral Roberts en ser, en palabras de un historiador, "semillero del movimiento carismático". También es necesario reconocer la influencia de la obra de David

Wilkerson, *La Cruz y el puñal*, en el comienzo del protestante carismático y del catolicismo carismático.[6]

3. **Los católicos carismáticos:** El año 1967 marcó el inicio de la renovación carismática católica en la Universidad de Duquesne, en Pittsburgh. Estas son las palabras perceptivas de Vinson Synan al respecto:

> No obstante, mas allá de muchas similitudes con los movimientos pentecostales clásicos y protestantes, la renovación católica carismática desarrolló un estilo único y una estructura que la convierte en un movimiento autóctono católico, con poca teología y cierto bagaje cultural del pentecostalismo protestante.[7]

4. **Los grupos independientes:** Esta es una clasificación "variable" centralizada en los líderes carismáticos (según la formulación weberiana) que atraen numerosos seguidores. Son iglesias independientes, no asociadas a ninguna de las expresiones históricas de este movimiento arriba mencionadas. En muchos casos representa, tanto en los Estados Unidos como en el exterior, la génesis de lo que a la larga se convertirá en una denominación.

5. **Grupos autóctonos del tercer mundo:** Las iglesias clasificadas bajo este criterio son "los movimientos pentecostales de mayor crecimiento en el mundo".[8] No se relacionan con ninguna junta misionera del oeste, y algunos practican formas de teología y adoración pentecostales no ortodoxas. Synan indica que el movimiento Apostólico Sionista en Sudáfrica es un ejemplo de esta categoría.

Antecedentes históricos

Si uno le pregunta a una persona pentecostal sobre el comienzo del pentecostalismo, la respuesta es rápida y cierta: El día de Pentecostés, según Hechos capítulo 2. La experiencia del día de Pentecostés, a saber, el bautismo en el Espíritu Santo, es de gran importancia para la identidad del Pentecostal.

Pentecostés (en griego, *pentekoste*) significa cincuenta y es el nombre griego de la Fiesta de Semanas instituida en el Antiguo Testamento. Es una fiesta celebrada cincuenta días (siete semanas) después de la Pascua. La Fiesta de Semanas o simplemente, Semanas (*Shavuot* en hebreo) era la segunda de las tres grandes fiestas anuales en el calendario sagrado judío. Las otras eran la Pascua y la Fiesta de los Tabernáculos.

Pentecostés era originalmente una fiesta de cosechas (Ex. 23:16), pero al pasar el tiempo se convierte en el día de conmemorar aquel momento sagrado cuando Dios bajó al Monte Sinaí y estableció el pacto con su pueblo, dándoles las leyes a Moisés (véase Ex 19 y 20).

Es muy significativo notar que "Jehová había descendido sobre el [Monte Sinaí] en fuego" (Ex. 19:18); acompañado también con truenos, humo, relámpagos y sonidos de bocina (Ex 20:18). Para Lucas, como para aquellos cristianos reunidos en Jerusalén en el día de Pentecostés según Hechos 2, el paralelismo con lo que aconteció en Sinaí era incuestionable. Ellos también experimentaron ese "fuego" en el aposento alto cuando Dios descendió en cumplimiento a las promesas de Jesús (Lc 24:49; Hch 1:4, 8).

El descenso de Dios en el día de Pentecostés es la narrativa por excelencia del Pentecostalismo. Como nos dice Lucas en Hechos 2:1-4 (RVR 1960):

> Cuando llego el día de Pentecostés, estaban todos unánimes juntos. Y de repente vino del cielo un estruendo como de un viento recio que soplaba, el cual llenó toda la casa donde estaban sentados; y se les aparecieron lenguas repartidas, como de fuego, asentándose sobre cada uno de ellos. Y fueron todos llenos del Espíritu Santo, y comenzaron a hablar en otras lenguas, según el Espíritu les daba que hablasen.

El simbolismo (o, en términos técnicos, la "tipología") es significativo. Dios estaba estableciendo un nuevo pacto con su pueblo a través de Jesucristo y mediante el poder del Espíritu Santo. Por eso también el escritor de la epístola a los Hebreos, más tarde, puede hablar de cómo los creyentes recibieron la ley de Dios en sus corazones: "Y nos atestigua lo mismo el Espíritu Santo; porque después de haber dicho: 'Este es el pacto que haré con ellos después de aquellos días, dice el Señor: Pondré mis leyes en sus corazones, y en sus mentes las escribiré', añade: y 'nunca más me acordaré de sus pecados y transgresiones'" (Heb 10:15-17).

El día de Pentecostés es tradicionalmente reconocido como el comienzo de la iglesia cristiana. El nuevo pacto fue iniciado en los creyentes. Y como la antigua fiesta de las Semanas conmemoraba el inicio de la siega o cosecha dedicando los primeros frutos de la cosecha, ahora los creyentes eran los primeros frutos de una gran cosecha espiritual.

Las lenguas de fuego, el bautismo en el Espíritu Santo, y la glossolalia como señal frente a las "naciones" (Hch 2:5-11) iniciaban una nueva etapa en la vida y misión de la iglesia primitiva (Hch 2:16-21). Ahora podían testificar y predicar (con palabras y hechos) el evangelio de Jesucristo en el poder del Espíritu Santo (Hch 1:8).

La creencia de recibir la misma experiencia y dones como esos primeros cristianos (y que Pedro anunció que era "para todos", Hch. 2:38-39) es una de las claves del entendimiento propio de este movimiento orientado a la experiencia. Aún más, como un movimiento "Primitivo" (la búsqueda de los primeros tiempos o periodos iniciales) ó "Restauracionista" (el"(el anhelo de restaurar, en este caso, el poder y milagros del Nuevo Testamento), la experiencia del Espíritu Santo, como en el día de Pentecostés, se convierte en el sine qua non del pentecostalismo. Para el pentecostal los acontecimientos del día de Pentecostés dan validez a su experiencia hoy del Espíritu Santo. Tal confirmación subraya su creencia "que el Espíritu es un espíritu quien nos sorprende por su continuo hablar, sanar y manifestar la presencia de Dios en maneras que se oponen al cerrado naturalismo de la modernidad".[9]

La historia cristiana señala que después de los días de los apóstoles se puede observar la irrupción de movimientos que también experimentaron los *carismas* ("presente o regalo divino"), sobre todo, el hablar en lenguas, profecías y señales y prodigios. Aunque algunos de estos movimientos, como los Montanistas del segundo siglo, han tenido prácticas excesivas y teología dudosa. Vinson Synan nos recuerda que: "A lo largo de los dos mil años de historia cristiana, han habido muchas renovaciones, avivamientos y reformas. Sin estos despertares ocasionales, la iglesia podría haberse perdido en la corrupción y el ritualismo vacío hasta llegar a carecer de significado. Algunas de estas renovaciones brindaron a sus entusiastas seguidores una experiencia espiritual o ritual que iba más allá de los sacramentos usuales de la iglesia".[10]

Además, la historia demuestra otros episodios o movimientos "carismáticos": entre el Donatismo del siglo IV; los Valdenses y los Lolardos de la edad media; y también entre algunos de los Moravos, Anabaptistas, y Cuáqueros durante el periodo del Renacimiento y la Reforma.[11]

En los anales de la iglesia cristiana, merece mencionarse aquí el nombre de Edward Irving (1792-1834), pastor de una prestigiosa iglesia presbiteriana de Londres. En 1830 comienza a predicar, dando gran énfasis en la restauración de los dones carismáticos —especialmente las lenguas y profecías. Su salida, subsiguientemente, de la iglesia presbiteriana resulta en la formación de la "Iglesia Católica Apostólica" —un movimiento con todos los *carismas* restaurados. La Iglesia se dice que duró hasta el siglo XX.

El distinguido erudito Stanley M. Burgess en su nueva obra, *Christian Peoples of the Spirit: A Documentary History of Pentecostal Spirituality from the Early Church to the Present* (Personas cristianas del Espíritu: Una historia documentada de la espiritualidad pentecostal desde la iglesia primitiva hasta el presente), demuestra contundentemente que en todas las épocas de la historia cristiana individuos y grupos han dado muestras de los dones espirituales (carismas) semejantes al movimiento pentecostal/carismático presente.[12]

¿Por qué disminuyó o cesaron los carismas, sobre todo, los dones sobrenaturales del Espíritu Santo, a lo menos entre la iglesia mayoritaria y dominante? La simple y debatible respuesta adoptada por los católicos y protestantes era que teológicamente no había justificación por los carismas al morir los apóstoles y el cierre del canon de las Escrituras. Es importante notar aquí las palabras atinadas de Synan, "La principal excepción a la aceptación de esta paralizante teología de la cesación fueron las iglesias ortodoxas del Oriente. Aunque las manifestaciones espirituales de los carismas también disminuyeron en esas iglesias, ellas nunca adoptaron la teología de que los dones habían cesado. La teología de la cesación de los dones espirituales fue una creación de la iglesia occidental".[13]

Hay varias razones de por qué disminuyeron o cesaron los *carismas*. Razones que aún en nuestros días tienen cierta vigencia y merecen un discernimiento sabio y bíblico. Se pueden notar a lo menos diez razones.

- La enseñanza de que no había justificación teológica por los *carismas* al morir los apóstoles.
- La enseñanza de que no había justificación exegética o teológica por los *carismas* dado el cierre del canon bíblico.
- Las excesivas prácticas o extremo emocionalismo en las expresiones de los *carismas*.
- La presencia de falsos profetas eventualmente subestimando la autoridad de los verdaderos profetas.

- El temor de la iglesia oficial de que su autoridad (lea, poder) sea subestimada.
- La institucionalización o estructura organizacional de la iglesia y, en consecuencia, la centralización del poder en los Obispos.
- La formalización y la institucionalización de la liturgia en los cultos religiosos.
- La "frialdad espiritual" y la formalidad sin vida del cristiano.
- La corrupción y pecado en la vida y ministerio eclesial.
- La "helenización" (civilización/cultura griega) de la iglesia y su correspondiente énfasis en la racionalidad de la fe. Algunos lo pondrían como el triunfo de la cosmovisión helenística sobre la cosmovisión hebraica.

NOTAS

[1]Allan Anderson, Michael Bergunder, André Droogers, and Cornelis van der Laan, eds. *Studying Global Pentecostalism: Theories and Methods* (Berkeley, CA: University of California Press, 2010).

[2]Allan Anderson, "Varieties, Taxonomies, and Definitions," en *Studying Global Pentecostalism: Theories and Methods*, p. 15.

[3]Cita de Vinson Synan, "Pentecostalism: Varieties and Contributions," trabajo inédito presentado en la consulta sobre la Confesión de la Fe Apostólica desde la perspectiva de las iglesias pentecostales, Fuller Theological Seminary, Pasadena, California, 22 a 24 de octubre de 1986, p. 2.

[4]Ibid.

[5]Ibid., pp. 2-5. Es importante notar que tal clasificación concuerda bien con la tipología del "decano" de estudios Pentecostales, Walter J. Hollenweger. Para Hollenweger tres tipos clasifican el Pentecostalismo global, a saber, (1) Pentecostales clásicos, (2) Movimientos carismáticos, y (3) los Independientes pentecostales. Para una clasificación tipológica más detallada, compleja e instructiva véase la de Allan Anderson en *Studying Global Pentecostalism: Theories and Methods*, pp. 16-20.

[6]David Wilkerson, *La Cruz y el puñal* (Wheaton, IL: Tyndale, 1965 [1963]).

[7]Vinson Synan, "Pentecostalism: Varieties and Contributions", p. 3.

[8]Ibid., p. 4.

[9]Palabras de James K. A. Smith con respecto al pensamiento teológico pentecostal en su ensayo, "Thinking in Tongues", en la publicación *First Things*, April 2008, p. 27.

[10]Vinson Synan, "Raíces Pentecostales", en su libro, *El siglo del Espíritu Santo: Cien años de renuevo pentecostal y carismático* (Buenos Aires, Argentina: Editorial Peniel, 2006), p. 25.

[11]H.M. Evans, "Pentecostalism in Early Church History", Paraclete, Summer, 1975, vol. 9, No. 3, p. 21; véase entre otras obras a, Eddie L. Hyatt, 2000 Years of Charismatic Christianity: A 21st Century Look at Church History from a Pentecostal/Charismatic Perspective (Lake Mary, Florida: Charisma House,

2002); Cecil M. Robeck, Jr., ed., *Charismatic Experiences in History* (Eugene, Oregon: Wipf & Stock, 2010 [1985].

[12]Stanley M. Burgess, ed., *Christian People of the Spirit: A Documentary History of Pentecostal Spirituality from the Early Church to the Present* (New York: NYU Press, 2011).

[13]Vinson Synan, *El siglo del Espíritu Santo*, p. 30.

Capítulo 2
El fuego revive

𝒩uestro soberano Señor de la historia, desde tiempos inmemorables ha llamado o situado individuos o movimientos en coyunturas claves en la vida de un pueblo. En la vida del pueblo de Israel, Ester fue una de esas personas llamadas por Dios. Su proeza a favor de la liberación de los judíos es bien conocida. Memorables son las palabras que Mardoqueo dirigió hacia ella: "¡Quién sabe si no has llegado al trono precisamente para un momento como éste!" (Est 4:14b).

"Para un momento como éste": El legado profético del avivamiento de la Calle Azusa

En el año 2006 los pentecostales conmemoraron el aniversario 100 del avivamiento de la Calle Azusa, un evento de gran importancia para la iglesia del Señor Jesucristo, y por supuesto para la historia, espiritualidad y entendimiento teológico propio del movimiento pentecostal.

Quiero aquí sobre todo resaltar algunos elementos prominentes del legado profético de la misión y avivamiento de la Calle Azusa; elementos que son críticos para la vida y misión de la iglesia cristiana y no solamente para las iglesias pentecostales y carismáticas. Dado los muchos desafíos que la iglesia cristiana enfrenta al alba de un nuevo milenio (como lo fue para el comienzo del siglo XX), creo que la "Calle Azusa" ha sido llamada – "Para un momento como éste".

En las horas previas al amanecer del 18 de abril de 1906, los residentes de San Francisco fueron lanzados fuera de sus camas por un violento terremoto. Durando poco menos de un minuto, el terremoto (que midió 8.25 en la escala de Richter) derribo 25,000 edificios, rompió conductos de gas altamente inflamables y destruyó de forma efectiva la capital de la fiebre del oro. Probablemente más significante aún que los temblores y retumbos fueron los incendios que luego envolvieron la ciudad, dejando un caos y horror que continuó por tres días de infierno (Citado en *Quality Paperback Book Review*).[1]

Ted Olsen, un editor de la revista Christian History (Historia Cristiana) elocuentemente afirma:

Esa misma mañana, 400 millas al sur, el mundo se dio cuenta de otro movimiento – uno con réplicas expandiéndose aun hasta hoy. (El prosigue y dice) En una escéptica historia de portada titulada "Extraños Lenguajes de Babel", un reportero de Los Angeles Times intentó describir lo que se conocería como el Avivamiento de la Calla Azusa. "Emitiendo palabras extrañas y balbuceando un credo de cual pareciera que ningún mortal en su sano juicio podría entender" la historia comienza, "la más reciente secta religiosa ha iniciado en Los Ángeles".[2]

Por otra parte, Harvey Cox en su importante libro, *Fire from Heaven: The Rise of Pentecostal Spirituality and the Reshaping of Religion in the Twenty-first Century* (Fuego del cielo: El auge de la espiritualidad pentecostal y la reforma de la religión en el siglo veinte y uno), lanza una nota más favorable: "Cuando el fuego finalmente cayó en la Calle Azusa, un fuego espiritual rugió tan progresivamente que corrió de prisa alrededor del mundo y tocó cientos de millones de personas con su calor y poder".[3] Un "terremoto" y "fuego" había visitado un viejo edificio abandonado en una calle en decadencia. Este era un edificio que previamente había servido como un establo, y anteriormente como un almacén. Empero, del 1906-1909, el 312 la Calle Azusa fue el lugar del avivamiento que sacudió al mundo.

Desde sus humildes comienzos, y gracias al liderato del afroamericano, **William Joseph Seymour** (1870-1922), un hombre con un solo ojo e hijo de un ex-esclavo pobre, el avivamiento de la Calle

Azusa se convirtió en un movimiento mundial de la religiosidad pentecostal y carismática.

Es bueno destacar el contexto religioso y socio-cultural e histórico que dio cierto impulso a este avivamiento y que nos ayuda a entenderlo.

Dada la rápida industrialización y urbanización de comienzos del siglo, acompañadas por un índice de corrupción y crimen alarmante en el mundo socio-político y económico, no resulta sorprendente el impacto negativo espiritual y moral que experimentó el protestantismo norteamericano en esa época.[4] Debemos señalar asimismo la fuerte sensación de alienación de las iglesias, especialmente entre los trabajadores industriales. El protestantismo norteamericano parecía frio, formal y carente de respuestas ante las necesidades sociales, económicas, políticas, morales y espirituales. Había un sentido real de "privación" y opresión a manos de los poderes imperantes, fueran económicos, políticos o religiosos.[5] El clima socio-político, moral y espiritual prevaleciente en ese momento desafió a muchos trabajadores y pobres a buscar un elemento "purificador" en su experiencia religiosa. Había un sentido de "escapismo", un sentido de "protesta" y un sentido "profético" detrás de esta búsqueda.

Dos movimientos religiosos en particular habían surgido y se habían desarrollado como respuesta a esta opresión del "espíritu": el movimiento de santidad (representando una perspectiva teológica wesleyana), que había experimentado grandes avivamientos en las montañas de Tennessee y otros estados del Sur de Estados Unidos a fines del Siglo XIX, y el movimiento de Keswick (representando una perspectiva teológica reformada). El común denominador de estas dos influyentes vertientes del pentecostalismo fue su aguda sensación de la opresión del "espíritu" y su gran búsqueda de la santidad. La búsqueda de la santidad resultaría en vivir una vida piadosa y con poder "en medio de una generación maligna y perversa" (Fil 2:25).

Con el paso del tiempo, el idioma de John Wesley de "amor puro" y "entera santificación" es reemplazado por la frase "bautismo en el Espíritu". La búsqueda por la santificación (ahora el bautismo en el Espíritu) eventualmente resulta en la transición hacia la búsqueda del bautismo en el Espíritu evidenciado por el hablar en otras lenguas (*glossolalia*) según Hechos 2.[6]

Es **Charles Fox Parham** (1873-1929) a quien se le considera el padre teológico del mensaje que el hablar en otras lenguas era la evidencia inicial del bautismo en el Espíritu Santo. Según se cuenta, esta enseñanza fue primeramente experimentada por Agnes N. Ozman el 1 de enero de 1901 en la escuela bíblica (Bethel Bible School) que Parham dirigía en Topeka, Kansas.

Mas tarde, por el año 1905, Parham muda la base de su ministerio a Houston, Texas. Es allí en Houston, en 1906, en la escuela bíblica que enseñaba Parham, que William J. Seymour recibe las nuevas enseñanzas sobre el bautismo en el Espíritu Santo. Es interesante, instructivo y penoso notar que Seymour asistió a las clases de Parham, pero tenía que sentarse afuera del salón de clase en un pasillo para oír las lecciones. Tal era la realidad que vivía Seymour, debido al racismo bárbaro que existía en aquel entonces, hasta entre los llamados cristianos.

Luego en ese mismo año (1906), Seymour viaja a California a pastorear una pequeña obra de Santidad en Los Ángeles. No duró mucho aquí, ya que sus predicaciones sobre el bautismo en el Espíritu con evidencia de lenguas no fueron bien recibidas. Seymour, después de un tiempo breve de cultos en un hogar, en la famosa calle Bonnie Brae donde el "fuego" comienza, se traslada a la Calle Azusa –y el resto, como dicen, es historia.

Es apropiado aquí citar unas palabras sobre Seymour por parte de un testigo ocular del avivamiento y quien era uno de los líderes de la misión de la Calle Azusa. Según Arthur Osterberg, Seymour era un hombre "manso y de palabras sencillas, no era un orador. Hablaba en el idioma común de la clase inculta. Podía predicar durante cuarenta y cinco minutos sin gran emocionalismo. No tronaba ni agitaba los brazos, ni soñarlo (no era posible imaginárselo así)".[7]

Es importante clarificar que históricamente ha habido un continuo debate en relación al génesis del pentecostalismo como un movimiento religioso moderno. Algunos se refieren aún al "mito de la Calle Azusa", mientras miran al pasado y enfatizan el rol de Charles Fox Parham de Topeka, Kansas (1901). Otros enfatizarían un desarrollo policéntrico con raíces comunes en la Santidad-Wesleyana (y miran a John Wesley, correctamente yo creo, como el "abuelo" del pentecostalismo) y en los avivamientos Keswickian de finales del siglo XIX y comienzo del siglo XX. Estos académicos también tomarían en cuenta el avivamiento de Gales de 1904-1905 bajo el liderazgo de Evan Roberts, mientras otros mirarían hacia el avivamiento de la Misión Mukti en India bajo el dotado liderazgo de Pandita Ramabai en 1905. Sin embargo, la mayoría de los estudiosos estarían de acuerdo que, como movimiento, el pentecostalismo debe su ímpetu global al avivamiento de la Calle Azusa (1906-1909) bajo la Misión Apostólica de la Fe pastoreada por William J. Seymour en el centro urbano de Los Ángeles. ✓

Más allá de su notable valor histórico, la centralidad de la Calle Azusa para la vida, misión y el entendimiento teológico de la iglesia pentecostal ha sido cuestionada por algunos. Sin embargo, estoy de acuerdo con Walter J. Hollenweger, entre otros, acerca de que la importancia y significado de la Calle Azusa no puede ser subestimada como simplemente la infancia del movimiento pentecostal el cual ha madurado desde entonces. Mas bien, en palabras de Allan Anderson:

> Aunque los acontecimientos han recorrido un largo camino desde los días iniciales (refiriéndose a la Calle Azusa) este periodo formativo del pentecostalismo en Norteamérica debe ser vista como su esencia fundamental y no meramente como su infancia. Esto significa que si el movimiento continúa siendo fuerte en el siglo XXI, (y esto es importante) éste debe considerar su prototipo de la Calle Azusa como la fuente de inspiración para la renovación teológica y espiritual.[8] ✓

Teniendo esto en mente, miremos a la muy esperada y definitiva historia de Cecil "Mel" Robeck, *The Azusa Street Mission & Revival: The Birth of the Global Pentecostal Movement* (La misión y avivamiento de la Calle Azusa: El nacimiento global del movimiento pentecostal).[9]

Para Mel Robeck hay, por lo menos, cuatro razones por las que, y yo cito, "esta misión afroamericana recibió tanta cobertura (en aquel entonces) y por qué la historia merece ser recontada hoy día".[10] Yo añadiría enfáticamente que estas razones nos dirigen hacia la "esencia fundamental" del pentecostalismo y son definitivamente "una fuente de inspiración para la renovación teológica y espiritual". Entendido correctamente, son el legado profético sobresaliente de la Calle Azusa. He renombrado cuatro de las razones dadas por Robeck y las he categorizado como "Marcas del Espíritu", bajo cuatro "P" llamadas:

> Pasión por el evangelismo y misión
> Práctica de la unidad cristiana o espíritu ecuménico
> Portada de la espiritualidad pentecostal
> Paradigma de inclusión de raza, clase, etnia y género

Veamos estas marcas en detalle:

1. La primera "Marca del Espíritu" es **Pasión por el evangelismo y misión**. La misión de la Calle Azusa fue "agresivamente" evangelística y apasionadamente orientada hacia la misión. Mel Robeck nos recuerda que:

> En una época de diseños de "crecimiento de la iglesia" (hablando de hoy), donde por una parte encontramos iglesias "emergentes" y crecientes "mega iglesias", por otra parte, muchas congregaciones históricas decadentes en membresía, es importante para nosotros escuchar una vez más cómo una pequeña reunión de oración de quince personas, incluyendo niños, creció hasta ser una aclamada congregación internacional de cientos en tan solo tres meses. En una época cuando el desafío creciente del secularismo cuestiona la legitimidad de las actividades evangelísticas y misioneras de la iglesia, cuando gobiernos alrededor del mundo están en aumento implementando leyes "anti-proselitismo" o están desafiando la libertad de la iglesia para proclamar el evangelio en la esfera pública sin ser sancionado, los éxitos y fracasos de las políticas de la misión de la Calle Azusa necesitan ser estudiadas de nuevo.[11]

Impulsado por el Espíritu Santo y una visión escatológica particular, el evangelismo de alcance agresivo y misionero ha sido una marca singular de los hijos de William Seymour. De hecho, desde sus inicios en la Calle Azusa, el pentecostalismo ha sido, como se lee en el subtítulo de un libro, *A Religion Made to Travel* (Una religión hecha para viajar).[12]

2. La segunda "Marca del Espíritu" es la **Práctica de la unidad cristiana o espíritu ecuménico** —lo que Dale Irvin llamaría, "el carácter ecuménico del pentecostalismo".[13]

La Misión de la Calle Azusa y su avivamiento se vieron a si mismos como un movimiento primitivo o restauracionista. Y como tal, se creyó que éste había sido enviado por Dios para traer unidad entre todos los cristianos. Mel Robeck resaltaría que "la visión del Pastor Seymour de una experiencia compartida y cooperación comunitaria entre grupos cristianos necesita ser redescubierta".[14]

Dale Irvin en su excelente ensayo, "Drawing All Together in One Bond of Love: The Ecumenical Vision of William J. Seymour and the Azusa Street Revival". (Uniendo a todos en un vínculo de amor: La visión ecuménica de William J. Seymour y el avivamiento de la Calle Azusa) hace resaltar un elemento profundo y distintivo del entendimiento de la unidad Cristiana de Seymour.

> Para Seymour y otros, la unidad de toda la gente coincidía con la teología de igualdad de toda la gente, manifestada a través de la adoración en muchos idiomas diferentes. La experiencia trascendental de unidad a través de la diversidad traída por el don de lenguas no solamente contenía en ella una crítica hacia los modos de teología y la iglesia dominante de la clase media, patriarcal del Atlántico Norte. El exceso de lenguas en el bautismo y adoración a través del poder del Espíritu Santo ofrecía una señal escatológica, que aguanta el cumplimiento de *oikoumene* que aún no se ha alcanzado entre las iglesias cristianas y las comunidades del mundo.[15]

Cuando es teológicamente entendido, fue y es un impulso inclusivo e igualitario en la experiencia de *glossolalia*.

3. La Tercera "Marca del Espíritu" es **Portada de la espiritualidad pentecostal**. La historia de la Calle Azusa con su enseñanza distintiva y la experiencia del poder de Dios por el Espíritu Santo continúa informando, inspirando y ocupando al movimiento pentecostal global. En consecuencia, glossolalia, sanidades, profecía, visiones, milagros, y otras señales y prodigios por el poder del Espíritu Santo han caracterizado la espiritualidad pentecostal y carismática alrededor del mundo desde la Calle Azusa.

Adicionalmente, un paradigma teológico significativo que informa a la mayoría de iglesias pentecostales se encuentra en el "evangelio completo" o cuádruple patrón teológico: Jesús salva, bautiza en el Espíritu Santo, sana, y vendrá otra vez. Estos cuatro temas Cristológicos definen la gestalt del pensamiento y *ethos* pentecostal. No obstante, yo enfatizo que el culto (o servicio de adoración) es la experiencia central de la espiritualidad pentecostal y su teología implícita, por tanto, es el *locus theologicus* de cualquier teología pentecostal.

En otras palabras, es en la espiritualidad expresada y la experiencia del culto que una teología pentecostal emergente se encuentra, especialmente entre iglesias pentecostales latinas, afroamericanas y "criollas" o autóctonas. Y como yo lo digo, "el culto es la teología y la teología es el *culto*".[16] Además, a pesar de sus excesos y sí, aún locuras, "la recuperación de la 'historia' de la Calle Azusa puede todavía proveer un nuevo ímpetu hacia un encuentro con Dios y el crecimiento espiritual".[17]

4. La Cuarta "Marca del Espíritu" es **Paradigma de inclusión de raza, clase, etnia y género.**

Dale Irvin, hablando acerca del avivamiento de la Calle Azusa, afirma que:

> Una de las características más irresistibles enunciadas en muchos de los reportes y después en las memorias del evento, por ejemplo, fue el hecho de que personas de muchas razas y nacionalidades se unían en la adoración a través del poder del Espíritu. El liderazgo del avivamiento fue interracial, e incluyó tanto a mujeres como a hombres. Sus participantes llegaron de un número de nacionalidades residentes en la ciudad de Los Ángeles, dándole esto un carácter internacional incluso antes de la afluencia de visitantes de todo el mundo.[18]

Como dijo un testigo ocular del avivamiento, Frank Bartleman, "La 'línea de color' fue lavada por la sangre". Era un testimonio vivo de un acto desafiante en contra de la segregación imperante en esa época.

La "historia" de la Calle Azusa según Mel Robeck "continúa sirviendo como un ejemplo por su alcance a los marginados — (esto es) los pobres, mujeres y personas de color". Además, afirma que, "en una época que está deteriorada por una interminable contienda y tensión racial, fuerte sentimiento anti-inmigración, e intolerancia y desconfianza étnica, es importante escuchar cómo esta congregación trató de vivir una visión de inclusión étnica y racial".[19] Es importante notar aquí que los latinos estaban en Azusa desde sus inicios y que contribuyeron a su crecimiento. La experiencia del "Espíritu Libertador" *debería*, y lo subrayo debería, liberarnos de las cadenas de racismo, clasismo, etnocentrismo, y sexismo que son un escándalo al Evangelio de Jesucristo.

Yo enfatizo que el corazón del legado profético de la "Calle Azusa" se encuentra en estas cuatro "Marcas del Espíritu". Es más, estas "Marcas del Espíritu" son, como mínimo, "marcas de referencia" por los cuales el cristianismo pentecostal y carismático debe ser juzgado. La historia se ha tomado su precio en este legado, porque no todo está bien con el legado de la "Calle Azusa" dentro de la familia pentecostal-carismática global. Existen muchos peligros o desafíos en el albor del nuevo milenio para los hijos e hijas de

Seymour. Estos son desafíos que deben ser enfrentados con discernimiento espiritual y sabiduría bíblica.

Es importante subrayar que las "Marcas del Espíritu" pueden ser vistas en diferentes maneras como una protesta implícita en contra de la modernidad, conducentes hacia y en afinidad con las sensibilidades de la postmodernidad. Por esa razón, es una clave en el entendimiento de la recepción y crecimiento del cristianismo pentecostal y carismático global—especialmente entre los pobres del mundo mayoritario. Para la recepción y el crecimiento del cristianismo como un todo en nuestra emergente era postmoderna, le haría bien a la iglesia de Cristo tomar en cuenta esta afinidad y apropiarse de este legado de la Calle Azusa.

El avivamiento de la Calle Azusa fue portentoso. El periódico *The Apostolic Faith* (La fe apostólica) publicado por William J. Seymour desempeñó un gran papel en diseminar la noticia del gran fuego pentecostal. También se le tiene que añadir, entre otros, los artículos acerca de la Calle Azusa escritos por el evangelista Frank Bartleman en los periódicos de las iglesias de santidad. Todo el país de Estados Unidos fue saturado, al igual que algunos países del mundo, por los testimonios del bautismo en el Espíritu Santo, sanidades divinas, y otros milagros que se estaban llevando a cabo en la Calle Azusa. Es importante señalar que el periódico, las revistas y otros medios de comunicación masiva siempre ha tenido un papel singular en el movimiento pentecostal. Esto coincide con el paradigma interpretativo primitivista/pragmático del historiador Grant Wacker. El describe con este concepto la particularidad del pentecostalismo de ser un movimiento *primitivista* (que busca los orígenes) y que, no obstante, utiliza las tecnologías prácticas y presentes. Mas tarde en el desarrollo del pentecostalismo vemos personas como Aimee Semple McPherson (la radio), Oral Roberts y Kathryn Kuhlman (la televisión) fueron pioneros en utilizar estos medios de comunicaciones en sus ministerios.

Peregrinos de todos los rincones de Estados Unidos y muchos del extranjero se daban cita en la Misión Apostólica de Fe en Los Ángeles. El avivamiento impactó la vida de un sinnúmero de líderes cristianos que diseminaron el mensaje pentecostal a los cuatro vientos. La lista de los participantes es larga. En vista de su influencia en el mundo pentecostal, merece mencionarse a lo menos tres personas en particular: (1) al afroamericano **Charles**

Harrison Mason (1866-1961), el fundador y patriarca de la Iglesia de Dios en Cristo, actualmente la iglesia pentecostal más grande en Estados Unidos, y muchas otras iglesias afroamericanas; (2) a **Gaston Barnabas Cashwell** (1860-1916), "el apóstol de pentecostés en el Sur", cuya influencias en el sur de Estados Unidos impactó a muchas denominaciones, particularmente a las iglesias de santidad. Según algunos estudiosos, casi unas docenas de denominaciones pentecostales pueden trazar su herencia pentecostal, aunque en algunos casos indirectamente, a su ministerio. Entre ellas se pueden nombrar Las Asambleas de Dios, Iglesia de Dios (Cleveland), Iglesia de Dios de la Profecía y la Iglesia Bautista Pentecostal del Libre Albedrío. Es durante la predicación de Cashwell, después que se había oficialmente concluido la asamblea general de la Iglesia de Dios en Cleveland, Tennessee en enero del 1908, que **Ambrose Jessup (A. J.) Tomlinson** (1865-1943) es bautizado en el Espíritu. A. J. Tomlinson, padre de las Iglesias de Dios (Cleveland) y la Iglesia de Dios de la Profecía, es considerado uno de los grandes visionarios pentecostales. (3) **William H. Durham** (1873-1912), pastor en Chicago cuya iglesia (North Avenue Mission) se convierte en un semillero del pentecostés en Estados Unidos, Canadá y el resto del mundo. Es también conocido por muchos como el "padre teológico de las Asambleas de Dios". La teología de Durham conocida como *finished work* (obra consumada), daba énfasis a la santificación progresiva o gradual y no instantánea que era necesaria antes de recibir el bautismo en el Espíritu como enseñaban las iglesias de Santidad y aquellos de dichas Iglesias que recibieron su pentecostés en la Calle Azusa. Durham anunció su teología en 1910, lo cual mas tarde lleva (abril, 1914) a la formación de las Asambleas de Dios en Hot Springs, Arkansas.

Todos los movimientos pentecostales "clásicos" en Estados Unidos y en muchos otros países trazan sus raíces espirituales a la Calle Azusa, bajo el pastorado del afroamericano **William J. Seymour**. La erudita **Ondina E. González** y su tío, el distinguido historiador **Justo L. González**, refiriéndose a los grandes despertamientos (avivamientos) espirituales del cristianismo norteamericano –el Primer Gran Despertar (a los fines del tiempo colonial) y el Segundo Gran Despertar (en el siglo diez y nueve)– comentan sobre el avivamiento de la Calle Azusa: "Al principio del siglo veinte, comenzó lo que bien podría llamarse el Tercer Gran Despertar".[20] *Third Great Awakening Happen And you missed the best*

Desde sus desfavorables y muy difamados inicios en el 312 de la Calle Azusa, el cristianismo pentecostal y carismático ha crecido fenomenalmente. Si hemos de creer al demógrafo cristiano David Barrett o Vinson Synan, el pentecostalismo y los carismáticos han crecido desde un puñado de creyentes al comienzo del siglo pasado hasta un estimado mundial de 530 millones (1999) (hoy 625 millones o más) y siguen creciendo![21] Además, C. Peter Wagner, al referirse a esta religión global afirma, "Mi investigación me ha llevado a hacer esta enérgica afirmación: En toda la historia de la humanidad, ninguna otro movimiento voluntario humano, no-política y no-militarista, ha crecido tan rápidamente como el movimiento pentecostal-carismático en los últimos 25 años".[22]

Pioneros latinos portadores de la antorcha

Los latinos han sido parte integral del movimiento pentecostal desde sus comienzos. El avivamiento de la Calle Azusa atrajo a gran número de latinos que vivían en el área de Los Angeles. Víctor de León nos dice:

> ...nadie se sorprendió al ver mexicanos en la reunión de la calle Azusa, aunque su número no era aún demasiado grande. Muchos de ellos eran rancheros acomodados y católicos muy devotos. No obstante, algunos habían arribado recientemente de México, y para esta época se encontraban expatriados en un entorno controlado por la cultura y el lenguaje gringo.[23]

Aunque no tenemos registro de todos los Latinos que participaron, podemos notar algunos de los primeros participantes del Avivamiento. Entre ellos se destacan los nombres de: Abundio y Rosa López, Luis López, Juan Navarro, José Valdez, Susie Villa Valdez, A. C. Valdés, Brígido Pérez, y se cree que posiblemente Genaro y Ramonita Carbajal de Valenzuela (la gran misionera y pionera de la Iglesia Apostólica en México).[24]

Sus contribuciones al avivamiento de la Calle Azusa fueron significativas. Gastón Espinosa, en su ensayo "The Holy Ghost is Here on Earth: The Latino Contribution to the Azusa Street Revival" (El Espíritu Santo esta aquí en la tierra: La contribución latina al avivamiento de la Calle Azusa) señala las múltiples maneras que tomó esta contribución. Entre ellas: ellos fueron los primeros de experimentar sanidad divina en Azusa; su participación activa en Azusa provocó mayor alcance a otros grupos étnicos; eran líderes de obras evangelísticas y misioneras; dando testimonio a un evangelio integral -evangelismo personal, sanidad divina y ministerio social.[25]

Bajo el pastorado de William J. Seymour en la Calle Azusa en Los Angeles es que primordialmente se da a luz el movimiento pentecostal latino en Estados Unidos. Es a este humilde hombre de Dios y pastor del avivamiento de la Calle Azusa que los pentecostales latinos deben honrar como uno de sus "padres espirituales".

No obstante, según Gastón Espinosa, quien a mi juicio es uno de los más eminentes estudiosos sobre los orígenes del pentecostalismo latino en Estados Unidos y Puerto Rico, se puede trazar los inicios del pentecostalismo latino en el trabajo evangelístico de Charles F. Parham en Houston, Texas en los años 1905 —antes del avivamiento de la Calle Azusa. También, Espinosa subraya el papel importante en el comienzo de la obra latina por los independientes (no bajo control o enviado por alguna denominación cristiana) evangelistas mexicanos. Estos evangelistas salen del avivamiento de la Calle Azusa (1906-1909) con el "fuego" Pentecostal en sus corazones a predicar el evangelio de Jesucristo y el "viejo/nuevo" mensaje pentecostés. Ya para el año 1912 existían iglesias latinas organizadas e independientes, bajo el liderato de obreros latinos en California, Texas y Hawaii.[26]

Aparte de Seymour, Parham y los evangelistas independientes mexicanos, se tiene que reconocer a los muchos evangelistas y misioneros anglosajones que también dedicaron sus vidas a predicar a Cristo y el mensaje pentecostés a los latinos. Entre ellos hay una persona sobre quien deseo comentar, aunque brevemente, ahora y más tarde. Me refiero a un pionero de la obra pentecostal latina digno de encomio: H.C. Ball.

Henry Cleophas Ball (1896-1989) a los diez y ocho años de edad fue bautizado en el Espíritu Santo, recibió las credenciales ministeriales de ordenación por las Asambleas de Dios y comenzó su ministerio pentecostal entre los latinos. Desde su juventud este siervo de Dios da inicio a su pastorado y a un ministerio "literario" y educativo.

Para muchos estudiosos, su éxito e influencia ministerial, de setenta y nueve años, se debe en gran parte a su visión de producir para las iglesias latinas himnarios, libros, "tratados" y otros recursos literarios y educativos. ✓

Un pastor, evangelista y misionero infatigable, **H. C. Ball** es responsable, entre otras cosas, de: organizar y ser el primer superintendente de las iglesias latinas de las Asambleas de Dios; darse a la tarea de compilar y producir en el 1916 el himnario *Himnos de Gloria* (que hoy día cuenta con más de un millón de copias vendidas en Estados Unidos y la América Latina); producir la revista *La Luz Apostólica* desde 1916 hasta 1973; en el 1924 fundar la *Casa Evangélica de Publicaciones*, más tarde conocida como la *Editorial Vida*; y con su esposa **Sunshine Ball** y **Alice Luce** (una destacada pionera entre los latinos) establecer en el 1926 el *Instituto Bíblico Latinoamericano* para la preparación bíblica y teológica de los futuros líderes latinos.[27]

Tuvo problemas con Olazábal

Cuatro pioneros representativos

Aquí en esta sección cuando empleo la expresión "espíritu" de los "oprimidos", quiero subrayar o "releer" del pasado pentecostal latino aquellos símbolos de resistencia, supervivencia y esperanza. Estos son líderes cuyas vidas y ministerios tuvieron grande influencia en el pentecostalismo latino; vidas que todavía son fuentes de inspiración, aprendizaje y entrega. Entre los muchos que podríamos mencionar, quiero rescatar la memoria "subversiva" y "liberadora" de los latinos personificada en cuatro personas representativas: Francisco Olazábal, Juan L. Lugo, Leoncia Rosado Rousseau ("Mama Leo") y Ricardo Tañón.

Francisco Olazábal (1886-1937): Ante los ojos de muchos es considerado uno de los más destacados evangelistas y pioneros de la obra pentecostal latina. Sus campañas evangelísticas y de sanidad divina fueron de enorme impacto en Nueva York, Puerto Rico, Chicago, Los Angeles, Texas y en otras partes de Estados Unidos para el evangelio de Cristo. Olazábal era un visionario, cuyo ministerio evangelístico y de sanidad divina estaba integrado por una preocupación por las necesidades sociales del pueblo. Sin lugar a duda, Olazábal es uno de los "gigantes" del cristianismo del siglo XX.

Olazábal nació en México de una madre que se había convertido en una misión metodista cuando él tenía doce años de edad. Más tarde, en su estadía en California, viene a Cristo a través de un "tratado" ofrecido por George Montgomery, en aquel entonces, un ministro de la Alianza Cristiana y Misionera. Olazábal desarrolla unas relaciones muy íntimas con George y su esposa Carrie Judd Montgomery. Son los Montgomery quienes, luego de ellos haber experimentado su pentecostés, llevan a Olazábal a la experiencia del bautismo en el Espíritu Santo. Los Montgomery llegan a ser los mentores espirituales de Olazábal en el comienzo de su peregrinaje cristiano.

En el 1917 Olazábal recibe sus credenciales ministeriales de las Asambleas de Dios y más tarde comienza a trabajar bajo el liderato de H. C. Ball. La lucha de Francisco Olazábal contra el oficialismo pentecostal anglosajón de las Asambleas de Dios, de las que él mismo era un ministro, es tanto instructiva como significativa.

En las décadas de 1910 y 1920 las Asambleas de Dios habían alcanzado una expansión importante entre los latinos en el suroeste. H. C. Ball fue el misionero anglosajón clave quien, aunque estaba profundamente comprometido con los latinos, también respondía a la sede anglosajona, el Concilio General de las Asambleas de Dios. En lo que De León llama la "Revolución Pentecostal"[28] se desarrolló un cisma entre H.C. Ball y Olazábal que condujo a la partida de Olazábal de las Asambleas de Dios junto con otros ministros, el 13 de enero de 1923.

Al parecer, H. C. Ball recibió instrucción del Departamento de Misión, bajo cuya égida se desarrollaba la obra entre los latinos, de no organizarse en un distrito de hispanohablantes separado, sino esperar un año más. Este suceso alarmó a muchos en la Convención Mexicana del distrito Texas-Nuevo México que se desarrolló en Victoria, Texas, en 1922, quienes esperaban la formación de su propio distrito hispanohablante.

Muchos creyeron que la elección de Olazábal como superintendente era ya cosa segura. De León hizo la siguiente evaluación de la situación:

> ...muchos pensaron que se trataba de un problema personal con Ball, quien temía realmente que Francisco Olazábal fuera electo superinten-

dente si se organizaban como un distrito. Esto no era cierto. ¡Henry C. Ball nunca pensó algo así! Rápidamente se extendieron los rumores de que los anglosajones (gringos) no confiaban en un mexicano para una posición de liderazgo, pese al hecho de que Francisco Olazábal poseía un mejor nivel de educación que Henry C. Ball y había recibido un mejor entrenamiento ministerial en aquella época. Este mismo sentimiento perduró por muchos años, aún entre los ministros que no se alejaron.[29]

Francisco Olazábal fundó, en 1923, el Concilio Latinoamericano de Iglesias Cristianas. Su ministerio prosperó cuando dejó las Asambleas de Dios. En la opinión de Roberto Domínguez y muchos otros, sus campañas evangelísticas en el verano de 1931 en Nueva York, cuando había sólo unas pocas congregaciones hispanohablantes, fueron para el crecimiento de la iglesia latina pentecostal en el nordeste el equivalente al avivamiento de la Calle Azusa en 1906. Es importante notar que Olazábal empezó su campaña en una iglesia afroamericana de Nueva York. Para la época de su temprana muerte en 1937 (sólo tenía 50 años), el Concilio Latinoamericano de Iglesias Cristianas, que fundó y presidió, había establecido 150 iglesias con aproximadamente 50,000 miembros a lo largo de Estados Unidos, México y Puerto Rico.[30] También Olazábal había contribuido directa o indirectamente en la formación o desarrollo de más de 14 denominaciones y concilios.

La pérdida de Olazábal ("El Gran Azteca") y de muchos otros que lo siguieron fue muy notable para las Asambleas de Dios. A pesar de cómo se vea la situación, en el fondo, Olazábal estableció que las razones de su separación fueron "porque los gringos tenían el control",[31] justificación que aún hoy resulta pertinente, donde sea que subsista el "espíritu" de autodeterminación y liberación de los oprimidos.[32]

Juan León Lugo (1890-1984): El avivamiento de la calle Azusa condujo, literalmente, a la diseminación mundial del mensaje pentecostal. En tránsito desde California hacia el oriente, un grupo de misioneros pentecostales se detuvo en la isla hawaiana de Oahu. En 1912, ya había en la isla un importante número de inmigrantes puertorriqueños trabajando en una estación experimental del gobierno. Fue allí que el joven Juan L. Lugo (1913) se convirtió y recibió el bautismo del Espíritu Santo, bajo el ministerio de Francisco Ortiz. Así inició un largo y fructífero ministerio como el "apóstol pentecostal para Puerto Rico", a lo que debemos añadir, Nueva York y, en menor medida, California.

Juan L. Lugo llega a San Juan, Puerto Rico, el 30 de agosto de 1916 con la visión de ganar almas para Cristo y establecer la obra pentecostal. Para ese entonces era ministro ordenado de las Asambleas de Dios y contaba con el apoyo espiritual y financiero de la iglesia anglosajona Bethel Temple en California.

Unos pocos meses mas tarde, se dirigió desde San Juan hacia la ciudad sureña de Ponce. Con el apoyo de Salomón y Dionisia Feliciano, que fueron los pioneros del pentecostalismo en la República Dominicana, comenzaron un culto pentecostal en la esquina de una calle de Ponce (calle Acueducto e Intendente Ramírez de la Cantera, cerca de la Plaza del Mercado). Es precisamente en Ponce donde el pentecostalismo puertorriqueño tiene sus raíces, comenzando el 3 de noviembre de 1916.[33] Es bueno señalar, según las investigaciones del erudito Gastón Espinosa, que a Puerto Rico ya había llegado una misionera, Jennie Mishler, con el mensaje pentecostés en los años 1909-1910. Espinosa nota que Mishler salió a Puerto Rico bajo los auspicios de Elmer Fisher Upper Room Mission de Los Angeles, California. Lamentablemente, su ministerio termina en Santa Isabel en "fracaso". Después de quince arduos meses de trabajo, bajo gran persecución, regresa a Estados Unidos sin dejar "frutos" en la Isla. No obstante, es justo, a lo menos decir con Espinosa que ella fue una "precursora" del pionero Juan L. Lugo.[34]

Lugo destaca, en la sección "Empieza la persecución" de su libro Pentecostés en Puerto Rico, la oposición que recibieron tanto por parte de los cuerpos civiles como de los eclesiásticos. Con gran tenacidad trabajó en medio de las circunstancias más hostiles, perseguido por católicos y protestantes por igual. El "nuevo" mensaje y los cultos de alabanza pentecostales escandalizaban a la "sureña" y "sofisticada" jerarquía. Si bien la persecución por parte de los católicos era esperada, Lugo fue tomado por sorpresa ante la respuesta de la iglesia protestante. El "acuerdo de tolerancia y cortesía mutua", a saber, las previas divisiones de territorio del protestantismo en Puerto Rico, agravaron esta situación.

Lugo hace referencia a una reunión a la cual asistió junto con los esposos Feliciano. Fue organizada por los ministros protestantes de Ponce, preocupados por Lugo y los pentecostales. Se le informó que no estaban ayudando a la obra evangélica en Ponce con su trabajo y que lo único que estaban aportando era confusión. Lugo destaca que, con la intención de persuadirlo para que se alejara, le recordaron que carecía de la capacitación adecuada y del apoyo financiero para producir una obra perdurable. Se lo acusó de estar "poniendo el evangelio a un nivel demasiado humilde". Aquí se ve el factor clasista que entra en juego, ya que la atracción del pentecostalismo se dio entre los más pobres de los pobres. Llegaron al punto de ofrecerle ayuda financiera a los esposos Feliciano para que continuaran su viaje a la República Dominicana, y le ofrecieron un pastorado a Lugo en otra iglesia de la isla, con la condición de que predicara "el evangelio 'evangélico'".

Por supuesto que Lugo y los primeros pentecostales de Ponce continuaron predicando un "evangelio completo". Desde aquella posición de avanzada en Ponce, el mensaje y experiencia pentecostal alcanzaron todo Puerto Rico, a pesar de todos los malos entendidos y sufrimientos que seguían a cada uno de sus pasos. Hacia 1930, un año antes de que Juan L. Lugo emprendiera su trabajo pentecostal en Nueva York, había 49 puntos de predicación pentecostales en Puerto Rico. La mayoría de ellos se convirtieron en iglesias.[35]

Entre los otros pioneros del trabajo en Puerto Rico, los siguientes nombres son dignos de mención: Francisco Ortiz, padre e hijo; Lorenzo Lucena; Frank O. Finkenbinder (padre de Paul, conocido como "el hermano Pablo" a lo largo de toda América Latina); John Roberts y Félix Rivera Cardona, por nombrar a unos pocos.

El pentecostalismo latino en el nordeste data de fines de la década de 1920 y principios de la de 1930. Como muchos comienzos de otras iglesias protestantes en el nordeste, fue el resultado de inmigrantes que venían de Puerto Rico a Nueva York.

En 1928, Juan L. Lugo envió a Thomas Álvarez desde Puerto Rico para organizar y pastorear una de las primeras iglesias pentecostales en Nueva York: la Iglesia Misionera Pentecostal, en Brooklyn. Lugo pastoreó esta iglesia en 1931 y fundó nuevas congregaciones entre los puertorriqueños.

El año 1931 fue extremadamente importante para el pentecostalismo latino en el nordeste. No sólo llegó a Nueva York el "apóstol pentecostal para Puerto Rico", sino que, como ya hemos señalado, en el verano de 1931 tuvo lugar la versión latina del avivamiento pentecostal de la Calle Azusa para el nordeste, bajo la predicación ungida de Francisco Olazábal. Esta fue una época en la cual, según nos relata Roberto Domínguez, existían sólo "un par de iglesias pequeñas establecidas, de las llamadas del Evangelio Completo".[36]

El impacto de Olazábal y los esfuerzos pioneros de Lugo y otros trajeron como consecuencia un nuevo espíritu de evangelización y fundación de iglesias que hizo que, hacia 1937, de un total de 55 congregaciones protestantes latinas en Nueva York, 25 fueran pentecostales.[37]

Juan L. Lugo confrontó un racismo estructural creciente en la ciudad, que promovían los poderes imperantes en contra de las también crecientes cifras de puertorriqueños que llegaban de la isla. A pesar de los escasos recursos disponibles, y de la falta de respuesta de la iglesia protestante anglosajona hacia los nuevos inmigrantes, Lugo luchó y consiguió construir una base de sostén y liderazgo autóctono.

El pastorado de Juan L. Lugo en la iglesia "La Sinagoga" de Harlem "sirvió como centro para el desarrollo del movimiento pentecostal en la ciudad. Allí comenzó la primera Escuela Bíblica en el año 1935, y fueron enviados misioneros a diversos países latinos, tales como Cuba y la República Dominicana".[38] Es bueno recordar también que Lugo, un visionario y educador, fundó el **Instituto Bíblico Mizpa** en Puerto Rico en el 1937 para la preparación bíblica y teológica de líderes pentecostales de la isla. Hoy sirve a la iglesia bajo el nombre **Universidad Pentecostal Mizpa**.

Entre los primeros líderes pentecostales en el nordeste, junto a Lugo y Olazábal, se encontraban Thomas Álvarez, Antonio Caquías, Edmundo y Manuel Jordán, Frank Finkenbinder, Eleuterio Paz, Manuel T. Sánchez, Melitón Donato, Felipe Sabater, Francisco Hernández, Carlos Sepúlveda, Leoncia y Francisco Rosado, por mencionar a unos pocos. Y después le siguieron ministros como Abelardo Berrios, Ricardo Tañón, Aimee García de Cortese, Adolfo Carrión, Luciano Padilla y Rafael Reyes, entre otros. El nombre de Juan L. Lugo a la larga sería asociado con el inicio y desarrollo de varias denominaciones pentecostales latinas tanto en Puerto Rico como en Estados Unidos. Entre estos concilios se encuentran La Iglesia de Dios Pentecostal, M.I., Las Asambleas de Dios, Las Asambleas de Iglesias Cristianas y La Iglesia de Dios Pentecostal (Mission Board).

El espíritu de Juan L. Lugo nos habla de un compromiso total y de un servicio sacrificado para fundar iglesias. Se enfrentó con toda clase de oposición, tanto de otros latinos de distinta convicción religiosa, como por parte del racismo y la insensibilidad anglosajona en la fría metrópolis.

Leoncia Rosado Rousseau, (1912-2006): "Mamá Leo" es el nombre que cientos de ex adictos, prostitutas, alcohólicos y gente de la calle le dieron a la Rev. Leoncia Rosado. Estos eran los marginados sociales por los cuales nadie se preocupaba, ni siquiera la iglesia, aunque resulte triste decirlo. Pero "Mamá Leo" fue llamada junto con su esposo, Francisco Rosado, para ministrar la gracia de Dios a estos, denominados *outcast* (parias). Ella se preocupó. Ambos se preocuparon lo suficiente como para comenzar, en 1957, *Damascus Youth Crusade* (Cruzada Juvenil Damasco), mientras pastoreaban la Iglesia Cristiana Damasco en el Bronx de Nueva York. La Cruzada Juvenil Damasco fue el semillero, la guía y la inspiración de cientos de programas cristianos contra la droga en Estados Unidos, Puerto Rico y América Latina.

"Mamá Leo" nació el 11 de abril de 1912 en Puerto Rico. Se convirtió y recibió el bautismo en el Espíritu en 1932, en el avivamiento religioso que arrolló a la Iglesia de los Discípulos de Cristo en la isla. No mucho más tarde, bajo la guía atenta de su pastor, Vicente Ortiz, ella respondió al llamado del Señor a predicar el evangelio. Como mujer, debió luchar contra el sexismo no bien comenzó su ministerio. Como ella dice: "A nosotras las mujeres nos trataban como soldados de tercera clase".[39] Con el sostén y el aliento de líderes como Herminio Narváez, Leonardo Castro y Juan Rosa Álvarez, quienes se percataron de los dones espirituales de esta extraordinaria mujer, ella viajó por toda la isla predicando y ministrando la Palabra.

El 22 de septiembre de 1935 llegó a Nueva York como misionera evangelista trabajando con Francisco Hernández, pastor de la Iglesia Cristiana del Valle en el Bronx. Como destaca Roberto Domínguez en **Pioneros de Pentecostés**, ella ya se encontraba entre los primeros líderes pentecostales en el nordeste, que estaban asociados a Francisco Olazábal y al Consejo Latinoamericano de Iglesias Cristianas.[40] Con la muerte de Olazábal en 1937, se produjo una división en el Consejo Latinoamericano de Iglesias Cristianas. Varios concilios aparecieron a raíz de esta división.

"Mamá Leo" y su esposo, junto con otros líderes pentecostales, fueron decisivos para la fundación del concilio de la Iglesia Cristiana Damasco. Su esposo, el pastor Rosado, se convirtió a la larga en Obispo de esta iglesia.

La concepción del evangelio de "Mamá Leo" siempre incluyó la dimensión social. Hablaba de su preocupación por el trabajo social, la participación con la comunidad y la ayuda a los necesitados, los *outcast* (parias), como ella los llamaba. Su visión del trabajo con los adictos en 1957, cuando nadie se preocupaba por ellos, encontró su vía de expresión en la Cruzada Juvenil Damasco.

John Giménez, ex adicto y egresado de "Damasco", quien pastoreaba la grande e influyente Rock Church (Iglesia de la Roca), en Virginia Beach, Virginia, explica:

> Pero todos nosotros, directa o indirectamente, encontramos que la fuente de nuestra liberación estuvo en esa iglesia latina localizada en el número 861 de la calle 162 Este. Era verdaderamente la casa de Dios. Él estaba allí. Tú entras en Damasco y, ¿sabes qué?, ¡algo te sucede! Es como la excitación y el poder atrapante de una nueva relación amorosa... En la salita pequeña la ves a Mamá Rosado, sentada con la Biblia en su regazo, y a dos o tres chicos sentados a su alrededor, escuchando mientras ella les explica el mensaje de Dios... Y la gente entra, gente quebrantada, gente desahuciada, buenos para nada, los indeseados. Aquellos que no encajan en la sociedad atraviesan esas puertas abiertas hacia una nueva vida... Damasco fue como el centro de una nueva vida para los adictos y, desde el templo, se extendieron cuerdas de salvamento que llegaron a las calles de la gran ciudad de Nueva York, y luego a otros pueblos y ciudades a lo largo de todo el país.[41]

Muchos de los "graduados" de la Cruzada Juvenil Damasco han continuado desarrollando importantes programas contra la droga y otros ministerios de extensión. Evangelistas, obreros y misioneros y pastores se cuentan entre los egresados de "Damasco", criados en el amor y el dedicado ministerio de Francisco Rosado y "Mamá Leo".[42]

Entre ellos Jerry Kauffman, judío ex adicto, casado con una puertorriqueña, y pastor de una de las más grandes iglesias pentecostales del nordeste: *Love Gospel Assembly* (la Asamblea del Evangelio del Amor); John Giménez de *Rock Church* (Iglesia de la Roca) en Virginia Beach, Virginia; Eddie y Ana Villafañe, fundadores y directores del ministerio llamado *Way Out* (la salida), en el sur del Bronx, uno de los programas cristianos contra la droga de mayor alcance en el estado de Nueva York; William Cintrón, fundador del "Silo" en Puerto Rico, otro programa para alcanzar a los drogadictos; Leroy Ricksy, afroamericano, pastor y psicoterapeuta; Joe Gagos (hijo), psicoterapeuta; Pedro Juan Falú, capellán mayor en el Departamento Correccional del Estado de Nueva York; Cedric Rousseau, evangelista, quien más tarde llegaría a ser el esposo de "Mamá Leo".

Incurriríamos en un error de omisión si pasáramos por alto el don por el cual se la conoció a "Mamá Leo" además de otros dones ministeriales mencionados o aludidos anteriormente: ¡su predicación! ¡Era considerada como una de las más sobresalientes predicadoras pentecostales, entre hombres y mujeres!

La vida de "Mamá Leo" y de "Papá Rosado" nos hablan del costo del discipulado, hasta tal punto que Francisco Rosado sufrió un infarto mientras trabajaba con un adicto, a consecuencia del cual falleció algunos meses después. "Mamá Leo" aún nos habla del compromiso con los marginados, los pobres y los oprimidos, en nuestras ciudades.

Ricardo Tañon (1904-1998): Estaba regresando a Boston de una conferencia en Los Angeles cuando me llamó la atención un libro pequeño en un estante de una librería. Me encantan los libros y siempre estoy buscando una ganga.

Era *El catecismo mayor de Martin Lutero*[43], un libro pequeño con un título grande. Lo compré. Era barato y era precioso —una joya de libro representando el intento del gran reformador de corregir e instruir a los fieles, especialmente los jóvenes, sobre la centralidad del Evangelio.

Comencé a leer el libro en el avión. No pasó mucho tiempo cuando fui atraído por el comentario de Lutero sobre el Cuarto Mandamiento: "Honra a tu padre y a tu madre...". Además de él notar que tres clases de padres estaban representadas en este mandamiento, a saber, padres por sangre, padres de familia y padres de nación, Lutero señaló que también había padres espirituales. Para Lutero, y creo que para todos nosotros y nosotras, "el nombre padre (o madre) espiritual pertenece sólo a quienes nos gobiernan y nos guían por la Palabra de Dios". El reformador añadió que "ellos (y ellas) merecen honor, sobre todos los otros. Pero rara vez lo reciben...".

Estas palabras de Lutero me conmovieron, ya que mi corazón se sentía pesado ese fin de semana. Mi padre espiritual, Rdo. Ricardo Tañón, recientemente había muerto (19 de febrero de 1998). Las palabras de Lutero fueron reales y relevantes a la ocasión. ¿Qué tan a menudo honramos, quizás oramos por o aún pensamos en nuestros padres y madres espirituales? Son líderes, individuos, a quienes el Señor ha usado para nutrir y guiar nuestra fe. Ricardo Tañón fue mi padre espiritual. Como le he dicho a muchos, "ningún colegio, universidad o seminario al que yo he asistido ha hecho el impacto, provisto el conocimiento ministerial y destreza e inspiración de liderato como el de Ricardo Tañón y "La Iglesia Cristiana Juan 3:16" en el Bronx de Nueva York". Permítanme contarles un poquito sobre este hombre y su ministerio -uno de los padres de la iglesia latina, un héroe de la fe, un apóstol en el Bronx.

Como he notado en otros sitios, Ricardo Tañón fue un pastor extraordinario. Para aquellos que conocen el movimiento pentecostal latino y el cristianismo latino, los nombres Ricardo Tañón y la Iglesia Cristiana Juan 3:16 (Asambleas de Dios) representan la imagen de una fortaleza dentro de la ciudad. El hombre y la iglesia han sido verdaderamente una ciudadela, un bastión del cristianismo en el nordeste de Estados Unidos.

Durante los treinta y cuatro años de pastorado de Tañón en la Iglesia Cristiana Juan 3:16, se fundaron diecisiete nuevas congregaciones en todo el Nordeste, Puerto Rico y la República Dominicana. Cincuenta y cuatro pastores recibieron instrucción en la iglesia y fueron enviados por todo el mundo de habla hispana. Cientos estudiaron en institutos bíblicos -en un solo año fueron enviados doce estudiantes a institutos bíblicos internos, a los que la iglesia sostuvo económicamente en su totalidad. La iglesia creció y desarrolló una escuela dominical con un promedio de asistencia superior a los mil doscientos alumnos con ciento veinte maestros. Más de mil personas acudían todos los domingos a la noche al culto de adoración, y los servicios de bautismo y evangelización, con una asistencia de unas dos mil personas, que solían desbordar la capacidad del templo. En una época tuvo la librería cristiana latina más grande del Nordeste, cuyas ganancias ayudaron un tiempo a sostener a veinte misioneros en el extranjero, una biblioteca en la iglesia para sus miembros y una imprenta que cada año producía miles de tratados que se distribuyeron para evangelizar. Contaba con numerosos equipos de evangelización y ministerios en prisiones, muchos programas de beneficencia que proveyeron la inspiración y el liderazgo para que se abriera una agencia de servicio social en el local de la iglesia, al servicio de ésta y de la comunidad en general. Cuando Tañón se jubiló oficialmente, el 28 de junio de 1977, la Iglesia Cristiana Juan 3:16 era la iglesia latina más grande de Estados Unidos.

"Juan 3:16" era una iglesia que, a causa de su ubicación en una de las áreas más necesitadas del sur del Bronx, se convirtió en un centro de evangelización. Miles y miles se convirtieron y fueron bautizados en el viejo teatro *Empire*, lugar de reunión de "Juan 3:16", que antes había sido un cine. Debido a la inestabilidad compleja de los barrios latinos, los cambios constantes y la imposibilidad de echar raíces en la comunidad, muchos miembros permanecían por un corto tiempo. Como resultado de este patrón de movilidad constante, "Juan 3:16" tenía literalmente miles de personas diseminadas entre los cientos de iglesias en todo el Nordeste. Se convirtió en un punto de avanzada, evangelizando, discipulando, equipando y enviando creyentes a otras iglesias.

Ricardo Tañón nació en Comerío, Puerto Rico, el 10 de marzo de 1904. Llegó a Nueva York en 1929 y en 1934 se convirtió al Señor durante un culto callejero en Harlem, por la predicación del pastor mexicano Eleuterio Paz. Respondió al llamado de Dios al ministerio y sirvió como pastor asociado durante varios años y luego, en 1943, aceptó el pastorado de una misión con solo doce miembros en un local comercial (*storefront*): la Iglesia Cristiana Juan 3:16. Las luchas y los triunfos de Tañón para desarrollar esta iglesia en el Bronx, rodeada de pobreza, prejuicio, racismo institucionalizado y la apatía de los protestantes anglosajones, se hallan bien documentados en su biografía.[44]

Es digno de destacarse que en un banco propiedad de una minoría negra, *Carver Federal Savings and Loans of Harlem*, Tañón pudo obtener los préstamos necesarios para comprar el local de la iglesia. Tañón y Pedro Ríos, su co-pastor, al comienzo de sus ministerios asistieron frecuentemente a las iglesias afroamericanas y aparentemente establecieron buenos contactos con esta comunidad. Las palabras de solidaridad del presidente negro del Banco Carver Federal lo demuestran: "Conozco la situación difícil que atraviesan. También conozco el valor de su organización para la comunidad, y nosotros, que estamos al frente de esta institución bancaria, estamos interesados en el bienestar de las comunidades pobres y abandonadas por los grandes bancos".[45]

La proeza de este hombre de Dios es destacable, cuando se considera no sólo el contexto hostil de su ministerio, sino también el hecho de que su educación formal se limitaba al cuarto grado de la escuela primaria en Puerto Rico. Más tarde asistió al Instituto Bíblico Hispanoamericano en Nueva York, donde se graduó en 1938. Posteriormente fue distinguido con el título de doctor en divinidad *honoris causa* del Seminario Teológico Gordon-Conwell, el 28 de mayo de 1977.

Tañón nunca olvidó sus raíces entre los pobres y los marginados. Mientras que otros pastores e iglesias fueron en busca de pastos más verdes, él se mantuvo firme. En numerosas ocasiones, cuando la congregación había crecido en número y en recursos económicos, muchos quisieron mudarse del *guetto*. Tañón entonces los desafiaba y les recordaba que allí, en las sucias y oscuras calles de las avenidas Prospect y Westchester en el Bronx, Dios quiso que ellos brillaran como un faro, ofreciendo una luz para los náufragos.

A través del modelo de liderazgo incisivo y sacrificial de Ricardo Tañón muchos recibieron inspiración para dedicarse al ministerio. Hoy la cuenta de los "hijos y nietos" de Tañón en el ministerio son más de cien. La Iglesia Cristiana Juan 3:16 se convirtió en una verdadera "fortaleza de liberación" bajo la predicación y pastorado ungido de Ricardo Tañón. Con Pedro Ríos, su pastor asociado durante veintiséis años, fue testigo de miles y miles de vidas transformadas al encontrar fe, esperanza y amor.

Al pensar sobre mi padre espiritual y el liderato en la iglesia de hoy día, sólo puedo orar, "Señor, envíanos hombres y mujeres como Tañón –valientes y visionarios". Y aún mas, "Dios permite que seamos dignos de llevar la antorcha del evangelio y su poder, como estos pioneros pentecostales".

La antorcha del evangelio y del poder pentecostés ha pasado a hombres y mujeres cuyos testimonios honran aquellos primeros pioneros. No obstante algunos errores y escándalos, y a pesar de grandes luchas, vituperios y maltratos, los latinos pentecostales han logrado grandes triunfos descansando en la verdad de que "no con ejército, ni con fuerza, sino con mi Espíritu, ha dicho Jehová de los ejércitos" (Zac 4:6).

Entre las denominaciones/concilios pentecostales y carismáticas más prominentes sirviendo al pueblo latino en Estados Unidos se encuentran: Asambleas de Dios, Iglesia de Dios (Cleveland, TN), Iglesia del Evangelio Cuadrangular, Iglesia de Dios de la Profecía, Asamblea Apostólica de la Fe en Cristo Jesús, El Concilio Latinoamericano de la Iglesia de Dios Pentecostal, Iglesia Pentecostal Unida Internacional, Iglesia de Dios Pentecostal, M.I., Victory Outreach Internacional, Asambleas de Iglesias Cristianas, Defensores de la Fe, entre otros, y un sin número de iglesias independientes y otras no-confesionales.

Ya para el año 2009 se puede notar que casi todas, si no todas, las diez congregaciones latinas más grandes de Estados Unidos son pentecostales o carismáticas en sus creencias y prácticas.[46]

Las primeras cinco iglesias son las siguientes:

1. **Templo Calvario**
    (Asambleas de Dios)
    Pastores: Danny y Ruth de León
    Ubicada: Santa Ana, California
    Tamaño: 10,000+ (congregación latina), más la congregación de habla inglésa
    Total 14,000+
    Fundada: 1926

2. **Ministerio Internacional El Rey Jesús**
    (Independiente pentecostal)
    Pastores: Guillermo y Ana Maldonado
    Ubicada: Miami, Florida
    Tamaño: 10,000+
    Fundada: 1996

3. **La Iglesia en el Camino**
    (Iglesia del Evangelio Cuadrangular)
    Pastores: Jim y Alice Tolle
    Ubicada: Van Nuys, California
    Tamaño: 10,000+
    Fundada: 2000

4. **Lakewood Hispanic Church***
   (No-confesional, de tradición pentecostal)
   Pastores: Marcos y Miriam Lee Witt
   Ubicada: Houston, Texas
   Tamaño: 8,000 - 10,000
   Fundada: 2002

   *La iglesia latina de la congregación **Lakewood Church**, pastoreada por Joel Osteen, con una membresía de 47,000, la iglesia cristiana más grande en Estados Unidos.

5. **Iglesia Segadores de Vida**
   (independientes pentecostales)
   Pastores: Rudy y María García
   Ubicada: Hollywood, Florida
   Tamaño: 7,000
   Fundada: 1992

Las segundas cinco iglesias son:

1. **Palabra Viva**
   Pastora: Lucy Saavedra
   Ubicada: Las Vegas, Nevada

2. **Mercy Church**
   Pastores: Gilbert y Zulma Velez
   Ubicada: Laredo, Texas

3. **Iglesia el Calvario**
   (Asambleas de Dios)
   Pastor: Saturnino "Nino" González
   Ubicada: Orlando, Florida

4. **Jesucristo El Todopoderoso**
   Pastores: Oscar y Stella Agüero
   Ubicada: Hialeah, Florida

5. **La Catedral Del Pueblo**
   Pastora: Yolanda Edén
   Ubicada: Miami, Florida

En Estados Unidos, como en otros países, las iglesias evangélicas (protestantes) –y aún la católica– han sido grandemente influenciadas por el pentecostalismo. Se habla a menudo de la "pentecostalización" de las iglesias cristianas –sobre todo, en la adoración.

NOTAS

[1]Quality Paperback Book (APB) Review, p. 7. Summer 2006 (n.a.), en promoción del libro de Simon Winchester, A Crack in the Edge of the World: America and the Great California Earthquake of 1906 (New York: Harper/ Perennial, 2005).

[2]Ted Olsen, "American Pentecost: The Story Behind the Azusa Street Revival, the Most Phenomenal Event of Twentieth-Century Christianity", Christian History, Vol. XVII, No. 2, 1998, p. 10.

[3]Harvey Cox, *Fire from Heaven: The Rise of Pentecostal Spirituality and the Reshaping of Religion in the Twenty-first Century* (Reading, MA: Addison-Wesley, 1995) p. 46.

[4]Véase, Aaron Ignatius Abell, *The Urban Impact on American Protestantism, 1865-1900* (Cambridge, MA: Harvard University Press, 1943; A.M. Schelesinger, The Rise of the City, 1878-1898 (New York: Macmillan Company, 1933).

[5]Véase, Robert Mapes Anderson, *Vision of the Disinherited: The Making of American Pentecostalism* (New York: Oxford University Press, 1979), pp. 223-240.

[6]Véase, Donald W. Dayton, *Raíces Teológicas del Pentecostalismo* (Buenos Aires: Nueva Creacion/Wm. B. Eerdmans, 1991 (1987)).

[7]Vinson Synan, *El siglo del Espíritu Santo*, p. 62; para más sobre la vida y ministerio de William J. Seymour véase, Douglas J. Nelson, "For Such a Time as This: The Story of Bishop William J. Seymour and the Azusa Street Revival, A Search for Pentecostal/Charismatic Roots" (Ph.D.diss., University of Birmingham, England, 1981); para la vida de Charles F. Parham, véase, James R. Goff, Jr., *Fields White Unto Harvest: Charles F. Parham and the Missionary Origins of Pentecostalism* (Fayetteville, AR: The University of Arkansas Press, 1988).

[8]Allan Anderson, An Introduction to Pentecostalism (Cambridge, UK: Cambridge University Press, 2004), p.4., corchetes de Villafañe.

[9]Cecil M. Robeck, Jr. *The Azusa Street Mission & Revival: The Birth of the Global Pentecostal Movement* (Nashville, TN: Thomas Nelson, Inc., 2006); para un relato de un testigo ocular véase, Frank Bartleman, Azusa Street South Plainfield, N.J: Bridge Publishing, Inc., 1980 (1925)).

[10]Cecil M. Robeck, Jr. *The Azusa Street Mission & Revival*, pp. 6-15.

[11]Ibid., p. 6.

[12]Murray W. Dempster, Byron D. Klaus, y Douglas Petersen, eds. *The Globalization of Pentecostalism: A Religion Made to Travel* (Oxford: Regnum Books International, 1999).

[13]Dale T. Irvin, ",Drawing All Together in One Bond of Love': The Ecumenical Vision of William J. Seymour and the Azusa Street Revival", *Journal of Pentecostal Theology*, Issue 6, 1995, p. 25.

[14]Cecil M. Robeck, Jr. *The Azusa Street Mission & Revival*, pp. 8-9.

[15]Dale T. Irvin, "Drawing All Together in One Bond of Love", p. 52.

[16]Para más detalle véase, Eldin Villafañe, "Teología y espiritualidad pentecostal hispana", en *El Espíritu Liberador: Hacia una ética social pentecostal hispanoamericana* (Nueva Creación, Buenos Aires, 1996) (1992), pp. 107-116.

[17]Cecil M. Robeck, Jr. *The Azusa Street Mission & Revival*, p. 10.

[18]Dale T. Irving, "Drawing All Together in One Bond of Love", p. 26.

[19]Cecil M. Robeck, Jr. *The Azusa Street Mission & Revival*, p. 13.

[20]Ondina E. González y Justo L. González, *Christianity in Latin America: A History* (New York, N.Y.: Cambridge University Press, 2008, p. 270.

[21]Vinson Synan, *El siglo del Espíritu Santo*, p. 443.

[22]Citado en Vinson Synan, *The Spirit Said 'Grow'* (Monrovia. CA: MARC, 1992), p.ii.

[23]Victor De León, "Growth of Hispanic Pentecostals", Paraclete, Invierno 1981, vol. 15. N.1, p. 18.

[24]Gastón Espinosa, ",The Holy Ghost is Here on Earth': The Latino Contributions to the Azusa Street Revival", Enrichment: A Journal for Pentecostal Minisry, *The Azusa Street Revival of Pentecostal Power and Passion Anniversary Edition* (Spring 2006), p. 119.

[25]Ibid., pp. 118-125.

[26]Gastón Espinosa, "Borderland Religion: Los Angeles and the Origins of the Latino Pentecostal Movement in the U.S., Mexico, and Puerto Rico, 1900-1945" (Ph.D. diss., University of California, Santa Barbara, 1999); Gastón Espinosa, "The Silent Pentecostals", *Christian History*, Issue 58, (Vol. XVII, No. 2), 2006, p. 23.

[27]Véase Roberto Domínguez, *Pioneros de Pentecostés: En el mundo de habla hispana*, volume 1, Norte América y las Antillas (Miami, Florida: Literatura Evangélica, 1971) pp. 153-164; Bruce Rosdahl, "Whatever the Cost: The Formative Years of H.C. Ball, Pioneer of Hispanic Pentecostalism", Assemblies of God Heritage, vol. 31, 2011, pp. 5-13; Gastón Espinosa, "The Silent Pentecostal", *Christian History*, pp. 23-24.

[28]Victor De León, *The Silent Pentecostals: A Biographical History of the Pentecostal Movement Among Hispanics in the Twentieth Century* (South Carolina: Faith, 1979), p. 29.

[29]Ibid., p. 100.

[30]Roberto Domínguez, *Pioneros de Pentecostés*, pp. 22-23.

[31]Victor De León, *The Silent Pentecostals*, p. 99.

[32]Para más sobre la vida y ministerio de Francisco Olazábal, en unión a las obras arriba mencionadas, véase, entre otros, Gastón Espinosa, "Francisco Olazábal: Charisma, Power, and Faith Healing in the Borderlands" en James R. Goff, Jr., and Grant Wacker, ed., *Portraits of a Generation: Early Pentecostal Leaders* (Fayetteville, Arkansas: The University of Arkansas Press, 2002), pp. 177-197; y Gastón Espinosa, "Brown Moses: Francisco Olazábal and Mexican American Pentecostal Healing in the Borderlands" en Gastón Espinosa and Mario T. García, eds., *Mexican American Religions: Spirituality, Activism, and Culture* (Durham, NC: Duke University Press, 2008), pp. 263-295.

[33]Juan L. Lugo, *Pentecostés en Puerto Rico: La vida de un misionero* (San Juan, Puerto Rico: Puerto Rico Gospel Press, 1951), p. 40; para más sobre Juan L. Lugo y el pentecostalismo en Puerto Rico, véase, entre otros, Roberto Dominguez, *Pioneros de Pentecostés*, pp. 53-122; Gastón Espinosa, "Borderland Religion: Los Angeles and the Origins of the Latino Pentecostal Movement in the U.S., Mexico, and Puerto Rico, 1900-1945"; David Ramos Torres, *Historia de la Iglesia de Dios Pentecostal, M.I.: Una Iglesia Ungida Para hacer Misión* (Rio Piedras, Puerto Rico: Editorial Pentecostal, 1992); y Rubén Perez Torres, "The Pastor's Role in Educational Ministry in the Pentecostal Church of God in Puerto Rico", Ph.D. diss., Claremont School of Theology, Claremont, California, 1979.

[34]Gastón Espinosa cita a Jennie Misler, "A Cry from Puerto Rico", The Upper Room (September/October 1910):6, en su "Borderland Religion: Los Angeles and the Origens of the Latino Pentecostal Movement in the U.S., Mexico, and Puerto Rico, 1900-1945".

[35]Luis Otero, *El evangelista pentecostal*, VIII, febrero de 1930, p. 4, citado en José A. Caraballo, "A Certificate Program for Hispanic Clergy and Lay Persons in an Accredited Theological Seminary: A Case Study with Projections", proyecto professional inédito para el doctorado, Drew University, Madison, New Jersey, 1983, p. 42.

[36]Roberto Domínguez, *Pioneros de Pentecostés*, p. 22.

[37]Frederick L. Witman, "New York's Spanish Protestants", *Christian Century*, 7 de febrero de 1962, pp. 162-163.

[38]José Caraballo, "A Certificate Program for Hispanic Clergy and Lay Persons in an Accredited Theological Seminary: A Case Study with Projections", p. 63.

[39]Entrevista telefónica, 19 de Julio de 1987; muchos de los datos que siguen fueron confirmados en mi conversación con "Mamá Leo".

[40]Roberto Domínguez, *Pioneros de Pentecostés*, p. 22.

[41]John Giménez, *Up Tight!* (Waco, Texas: World, 1967), pp. 72-73.

[42]Véase, Elizabeth D. Ríos, ",The Ladies are Warriors': Latina Pentecostalism and Faith-based Activism in New York City", en Gastón Espinosa, Virgilio Elizondo, and Jesse Miranda, eds. *Latino Religions and Civic Activism in the United States* (New York, N.Y.: Oxford University Press, 2005), pp. 203-204.

[43]Martin Luther, *The Large Catechism*, translated by Robert H. Fischer (Philadelphia: Fortress Press, 1959).

[44]Ramón Sánchez, con los colaboradores Roberto Domínguez y Eldin Villafañe, Ricardo Tañón: *El Poder y la Gloria de Dios* (San Juan, Puerto Rico: Romualdo Real, 1980).

[45]Ibid., pp. 190-191.

[46]Véase, con la orden del número 1 y 2 intercambiado por Villafañe, Joshua Ogaldez, "America's 5 Largest Hispanic Churches: America's Largest Spanish-Speaking Congregations: A Report of the Largest Latino Churches in the United States for 2009", Associated Content, http://www.associatedcontent.com/shared/print.shtml?content_type=article&content_type_(accessed 9/19/2011).

Capítulo 3
La conflagración global

$\mathcal{E}$s una palabra importante que surgió en las últimas décadas del siglo veinte (aunque la realidad que describe ha existido por muchos años) y que domina la calle Wall (Wall Street), y la avenida Madison (Madison Avenue), y las instituciones de los medios de comunicación de nuestro mundo: *globalización*.

La mayoría de las personas perciben la globalización en términos económicos o de mercado, aunque estamos completamente convencidos que esto también se refiere a la supercarretera electrónica; los muchos movimientos de personas; y las transacciones culturales religiosas y sociales a lo largo de muchas fronteras. Definitivamente, la movilidad global de personas, recursos, ideas, fe y sistemas definen nuestro mundo contemporáneo.

Para mí, una de las áreas más significativas del fenómeno de la globalización está bien dicha en el libro titulado, *The Globalization of Pentecostalism: A Religion Made to Travel*.[1] (La globalización del pentecostalismo: Una religión hecha para viajar). El pentecostalismo es una tradición de fe que desde su comienzo moderno es por excelencia una religión global –verdaderamente imbuida con un Espíritu sin fronteras.

Además, el pentecostalismo global no es una realidad religiosa monolítica. Lejos de esto, pentecostalismo, como muchas religiones del mundo, ha tomado la vestimenta nativa de su contexto histórico y cultural. Es un caleidoscopio de diversas experiencias nacionales y locales, como André Corten y Ruth Marshall-Fratani nos recuerdan:

A pesar de las enormes diferencias, que separan estos países y las sociedades individuales dentro de ellos, las manifestaciones pentecostales en estas diversas culturas, tienen muchas similitudes. El pentecostalismo contemporáneo provee un ejemplo notable de la paradoja de diferencia y uniformidad que parece estar en el centro de los procesos de transnacionalismo y globalización.[2]

Este fenómeno o "paradoja de diferencia y uniformidad" responde a lo que Karla Poewe y otros especialistas en ciencias sociales llaman, "pentecostalismo como una cultura global".[3] Y por tal razón, es responsable en parte por su recepción global y crecimiento asombroso.

Espíritu sin fronteras: "El mundo es mi parroquia"

John Wesley es conocido por su expresión: "El mundo es mi parroquia". Para Wesley su visión del evangelio y la misión que conlleva no conocía fronteras. El mensaje de Jesucristo era un mensaje global –dondequiera que hubiese vida sedienta por el agua divina, el pan espiritual y el fuego santificador.

Los pentecostales también siguen el lema de Wesley; no reconocen fronteras –porque reconocen un Espíritu sin fronteras. Desde su comienzo, sea desde el día de pentecostés (Hch 2), y a través de la historia cristiana, el espíritu misionero ha caracterizado al pueblo de Dios. Los pentecostales, impulsados por el Espíritu Santo, salen de la Calle Azusa a predicar el evangelio de Jesucristo en el poder del Espíritu (Hch 1:8). Muchos salen, en palabras de Vinson Synan, como *missionaries of the one-way ticket* (misioneros de boleto sin regreso). El testimonio es largo y heroico de las vidas que experimentaron su pentecostés en la Calle Azusa y luego regresan a su país natal o responden al llamado misionero y salen para Europa, África, Asia o América Latina con el "evangelio completo".

Es importante señalar que aunque el avivamiento de la Calle Azusa subraya los *carismas* del Espíritu, su mensaje se centra en la persona y obra redentora de Jesucristo. Ésta ha sido la enseñanza teológica y práctica del pentecostalismo global. En la Calle Azusa Seymour constantemente daba la siguiente amonestación pastoral:

"Ahora no salgan de esta reunión y hablen de lenguas, sino traten que se salve la gente".[4]

Antes de comentar sobre el alcance global del avivamiento de la Calle Azusa, es imprescindible detenerse y decir algunas palabras sobre la realidad policéntrica del avivamiento del Espíritu en el cristianismo global durante este tiempo. Por policéntrico se quiere reconocer que la renovación o avivamiento del Espíritu Santo no solo se llevó acabo en la Calle Azusa en esos primeros años del 1900. Si no que, poco antes o durante el avivamiento de la Calle Azusa, otros poderosos movimientos de Dios se manifestaron en diferentes centros del mundo y sin la influencia de la Calle Azusa.

Como nos recuerda Allan Anderson, "varios avivamientos ocurrieron unos años el uno después del otro en partes diferentes del mundo. Estos avivamientos fueron caracterizados por un carácter decididamente pentecostal y por dones del Espíritu como sanidades, lenguas, profecía y otras señales milagrosas".[5]

Los avivamientos de Gales y de la Misión Mukti

Dos avivamientos en particular me llaman la atención y son dignos de recordar: el avivamiento de Gales en 1904-1905, bajo el liderazgo de Evan Roberts y el avivamiento de la Misión Mukti en la India bajo el liderazgo de Pandita Ramabai en 1905. Estos dos avivamientos son reconocidos como precursores al pentecostalismo global del siglo XX. Según un participante de la Calle Azusa, Frank Bartleman: "El avivamiento mundial presente (hablando de la Calle Azusa) fue mecido en la cuna del pequeño país de Gales. Fue criado en India, después; hacerse crecido en Los Angeles más tarde.[6]

El avivamiento de Gales bajo Evan Roberts (1878-1951) sacudió el pequeño país de Gales (un pequeño principado de las Islas Británicas) por dos años y fue la fuente de inspiración para avivamientos en Inglaterra y otros países. La persona de Roberts, el vaso que Dios usó en Gales, fue objeto de sorpresa para muchos; ya que él era un joven de 26 años cuando el avivamiento surgió, humilde y de no mucha elocuencia. Aunque Roberts no fue el único usado por Dios en este avivamiento, la historia lo mira como el instrumento principal en el despertar de un pueblo a la Palabra de Dios.

El avivamiento de Gales manifestó muchas de esas señales que han caracterizado al pentecostalismo global. Vinson Synan, citando fuentes primarias, nos cuenta:

> A pocas semanas del comienzo del avivamiento, ya había muchas personas que decían haber sido bautizadas con el Espíritu Santo. Estas experiencias iban acompañadas de gritos, risas, danzas, caídas, copiosas lágrimas, hablar en lenguas desconocidas y un inusual renacimiento de un viejo idioma, ya que muchos jóvenes que no sabían nada del antiguo galés, en momentos de éxtasis espiritual hablaban fluidamente en esa antigua lengua.[7]

El impacto del avivamiento fue poderoso y significativo para el pequeño país de Gales. Según se cuenta, el crimen en todo el país fue reducido dramáticamente. Se habla de cantinas, lugares de juegos y casas de prostitución vaciada por esta gran visitación del Espíritu de Dios; y miles de vidas vinieron a los pies de Cristo.

Es importante notar ciertas características del carácter y personalidad de **Evan Roberts**. Creo que son instructivas para nuestras vidas y para el ministerio del evangelio en nuestros días. Ellas reflejan también las virtudes que Dios busca y premia en los vasos que él usa. Quiero subrayar a lo menos tres características de Roberts: (1) la **humildad**, (2) el **gozo** y (3) la **oración**.

La **humildad** era una de las virtudes que adornaron la vida de Roberts. No obstante su juventud, el manifestaba una madurez que acompañaba a su humildad, le daba una autoridad espiritual sorprendente delante del pueblo. Cuando muchos participantes del avivamiento ponían sus ojos en Roberts como persona indispensable al avivamiento, él rechazaba todo reconocimiento y humildemente daba todo crédito al poder del Espíritu Santo. Uno de sus biógrafos, Barnabas Harper, en su pequeña obra, *History Makers: Evan Roberts* (Creadores de historia: Evan Roberts) nos cuenta un incidente durante el avivamiento de Gales muy revelador de esa humildad.

> En otro de los servicios de avivamiento, él hizo las preguntas siguientes a la gente, con respuestas que vuelven en un coro: "¿Todos ustedes creen en Dios, no es así?" "Sí". "¿Ustedes creen en las promesas de Cristo?" "Sí". Entonces él abrió su Biblia y leyó "y he aquí yo estoy con vosotros todos los días", y preguntó ¿"Entonces ustedes creen que Él está aquí?" Una vez más la respuesta vino, "Sí". "Entonces", él dijo, silenciosamente y naturalmente cerrando el libro, "no soy necesario aquí". Él entonces dio vuelta y dejó el santuario.[7]

Roberts verdaderamente creía en la Palabra de Dios, era humilde y valiente. Era suficiente humilde para creer que el avivamiento no dependía de él –sino del Dios todo poderoso, en el cual él dependía totalmente.

El **gozo** era uno de esas cualidades o virtudes que impresionaba a la gente al darse con Roberts. Muchos se maravillaban que un hombre tan consagrado y espiritual demostrase un gozo tan libre. El constantemente irradiaba risa y alegría. Como comenta Harper, "Roberts había dejado todo para ser dirigido por el Espíritu Santo y era el Espíritu quien lo llenó del gozo del cielo y vida".[9]

Roberts era un hombre de **oración**. Antes, durante y después del avivamiento de Gales el grito delante de su Dios era: "Señor, quebrántanos". Sus oraciones fueron contestadas y miles de personas vinieron a Cristo. Sus oraciones tocaron el corazón de Dios y el Espíritu Santo fue derramado con poder a un pueblo que supo humillarse delante de Dios. Se dice que Roberts, al terminar el avivamiento de Gales, vivió aisladamente –una vida dada a la intercesión. Cuando se le cuestionó su falta de participación en los muchos "fuegos" pentecostales que surgían, su respuesta fue y es poderosa: "Trabajo con tanta fuerza en la oración como si hubiese emprendido cualquier otra forma de trabajo religioso... Predicando, yo alcanzaría pocos –por medio de la oración yo puedo alcanzar toda la humanidad para Dios".[10]

El avivamiento de la misión Mukti en la India fue bajo la dirección de **Pandita Ramabai Sarasvati** (1858-1922), una mujer distinguida, reformadora social, evangelista, educadora, poeta, erudita y traductora bíblica. La verdad del caso es que al uno familiarizarse con su vida y ministerio, uno se maravilla de los dones, valentía y fe de esta mujer. A mi juicio, ella debe figurar por derecho propio entre los grandes personajes de la historia cristiana. Ramabai es una cristiana que merece ser mejor conocida por el pueblo de Dios.

El padre de Ramabai era un erudito sacerdote brahamán que pertenecía a la casta social más elevada de su país. Desde su niñez su padre, contra las normas existentes, le provee a su hija una excelente educación, que en la India era reservada para los varones. Ramabai, a la tierna edad de 12 años, había memorizado cientos de textos hindú y filosóficos en sánscrito.

Ramabai definitivamente era una mujer de extraordinarias cualidades intelectuales. Por ejemplo, se dice que a lo largo de su vida aprendió siete idiomas, incluyendo hebreo y griego. En el 1878 en Calcuta impresionó tanto a los brahamanes bengalíes cuando ella compartió sus conferencias en sánscrito, que la nombraron Pandita, que significa "Docta" (erudita). Se cree que fue la primera mujer con tal título en la India.

En esta ciudad de Calcuta fue donde por primera vez Ramabai oyó hablar de Cristo y sus enseñanzas. Luego en 1883, invitada por la Iglesia Anglicana, viaja a Inglaterra para seguir sus estudios. En Inglaterra es bautizada en agua en la Iglesia Anglicana, aunque es más tarde en la India, según su testimonio, que entra en una relación personal con Cristo.[11] Es bueno notar aquí que más adelante Ramabai se identifica con la Alianza Cristiana y Misionera y por lo visto, le dejó la misión Mukti a ellos.[12] Durante la vida de su fundadora, la Misión Mukti fue una misión ecuménica cristiana; no conocía fronteras religiosas en su servicio. Al presente es una misión de fe no-denominacional bajo el nombre "Pandita Ramabai Mukti Mission".

Ramabai en sus viajes por la India es conmovida por la miseria de su pueblo, sobre todo, por las precarias condiciones de las mujeres, las viudas jóvenes y los niños. Ella es conmovida profundamente por el horrendo espectáculo de las mujeres sacrificadas vivas en la pira junto a sus maridos muertos.

En 1889 Ramabai funda *Sharada Sadan* (Casa de aprendizaje) cerca de Bombay (ahora, Munbai), un refugio para mujeres viudas y huérfanas, y luego en una finca el refugio más conocido, la Misión *Mukti* (liberación/salvación) en Khedgaon cerca de Poona (ahora, Pune). Ramabai, quien había quedado viuda muy jóven (en 1882), con su hija Manoramabai, continúa su lucha por rescatar de la miseria a las mujeres de la India y por presentarles el evangelio de Jesucristo.

Es en Mukti durante una gran hambre en las provincias de la India central en 1896, donde se calcula murieron millones de personas, que ella recoge a centenares de vidas y les provee no sólo alimentos (de la finca y pozos cavados en Mukti), sino también ropa, educación, capacitación en oficios y el evangelio. Se dice que para el 1900 esta misión de fe, Mukti, contaba con 2.000 residentes.

Ramabai viaja a Inglaterra en 1898 y participa en la convención de Keswick, conocida por la búsqueda de una vida más profunda de la santidad y la experiencia del Espíritu Santo. Al regresar a Mukti la oración de Ramabai era por un poderoso movimiento del Espíritu Santo sobre la India. El 29 de junio de 1905 mientras estaban reunidos en Mukti cayó el Espíritu Santo sobre las mujeres. Como nos dice Allen Anderson, "Lágrimas de arrepentimiento y confesión, emocionantes y prolongadas reuniones de oración, demostraciones poderosas del Espíritu, incluyendo sanidades, profecías y hablar en lenguas e interpretación caracterizó este avivamiento".[13]

El avivamiento de Mukti comenzó a dar gran fruto al salir cientos de mujeres a evangelizar a la India. Pronto los periódicos y revistas evangélicas informan al mundo de la obra extraordinaria que se lleva acabo en Mukti. Por dos años este avivamiento duró, pero su impacto se sintió no solo en la India sino también alrededor del mundo. Por eso, Ramabai es llamada la madre del avivamiento pentecostal de la India.

Para el 1907 Mukti, bajo el gran liderato de Ramabai, se había extendido para incluir en su plantel: "una misión de rescate, un hospital, una prensa de aceite, una forja de herrero, una prensa, una escuela completa que proporcionó las entradas a universidades, una escuela para el ciego, y departamentos de formación en enseñanza, enfermería, tejido, sastrería, pan y fabricación de mantequilla, conservería, lavandería, albañilería, carpintería y actividades agropecuarias".[14]

Ramabai fue una gran luchadora por los derechos humanos y la justicia social y una ponderosa mujer del Espíritu; su vida y ministerio es un modelo concreto de un evangelio y ministerio integral y transformador.

Según Anderson, el avivamiento de Mukti tuvo a lo menos cuatro consecuencias de gran envergadura.[15] Yo añadiría que también tuvo enseñanzas vitales que todavía tienen vigencia. Aquí nombro y resumo las cuatros consecuencias notadas por Anderson.

La primera consecuencia es **Mukti como precedente**. Ésta subraya que líderes de la Calle Azusa como Seymour, Frank Bartleman y los escritores del periódico de la misión en Los Angeles, *The Apostolic Faith* (La fe apostólica), miraban a Mukti como fuente de inspiración y como precedente para el avivamiento de la Calle Azusa.

La segunda consecuencia es **liderazgo de Mujeres**. Ésta no solo se refiere a Ramabai como líder principal de este avivamiento, sino al papel más prominente que desempeñaron las mujeres de Mukti en contraste al avivamiento de la Calle Azusa. Anderson reconoce que las mujeres jugaron un gran papel en la Calle Azusa. No obstante, destaca el papel de las mujeres de Mukti dado a la realidad de un país de opresión patriarcal. Anderson nos recuerda que el avivamiento pentecostal de Mukti "era liderado por mujeres, motivando y apoderando aquellos que realmente habían sido marginados y desechados por la socie-dad... Éste era un ejemplo del activismo social temprano del pentecostalismo, apoderando al marginado y oprimido para servicio y otorgando a las mujeres dignidad".[16]

La tercera consecuencia es **modelo de ecumenismo cristiano**. Aquí Anderson recuerda el espíritu que reinaba en la vida y ministerio de Ramabai y en el avivamiento de Mukti. Era un espíritu ecuménico y abierto a otros cristianos que "contrasta con el rígido exclusivismo de muchos movimientos pentecostales subsecuentes".[17]

La cuarta consecuencia es **impacto sobre el pentecostalismo latinoamericano**. Según Anderson, el mensaje pentecostés llega por primera vez a Chile por vía de la misión Mukti y no por vía de la Calle Azusa. La mano derecha de Ramabai en Mukti estaba la misionera metodista de los Estados Unidos, Minnie Abrams. Abrams fue bautizada en el Espíritu en Mukti y luego, en 1907, le envía a su amiga y excompañera de Escuela Bíblica, Mary Louise Hoover, un folleto (en sí un librito). El folleto describía el avivamiento en Mukti y presenta una teología bíblica que lo justifica. El esposo de Mary Louise era el Rdo. Willis Hoover, pastor de una iglesia metodista en Valparaíso. El folleto de Abrams hizo gran impacto en los Hoovers. Después de conocer del movimiento del Espíritu en otras partes del mundo, se dan a una búsqueda del bautismo del Espíritu que resulta en el 1909 en un poderoso avivamiento en la iglesia de Hoover, y luego en todo Chile.

En los últimos años de su vida Ramabai se dedicó a la ardua tarea de traducir la Biblia del hebreo y griego original a su lengua maternal –marathi. En el 1989 (muchos años después de su muerte) el gobierno de la India, en reconocimiento de su labor en favor de las mujeres de la India, emitió un sello conmemorativo de Pandita Ramabai.

Como bien sabemos, la vida y ministerio de Ramabai vale mucho más que "un sello conmemorativo" en la economía divina. Sólo en la eternidad, "cuando allá se pase lista" se sabrá el verdadero valor de tal vida y ministerio. Con respecto al avivamiento de Mukti que Ramabai lideró, las palabras de Anderson son muy apropiadas: "El avivamiento de Mukti puede ser legítimamente considerado con la Calle Azusa como uno de los centros formativos tempranos más importantes del pentecostalismo. Esta es una de las advertencias más importantes de ser reconocidas en el debate sobre los orígenes del pentecostalismo".[18]

El alcance global del avivamiento de la Calle Azusa

El impacto global de la Calle Azusa fue rápido y abarcador. Según algunos eruditos el esfuerzo misionero de la Calle Azusa alcanzó veinticinco naciones en sus dos primeros años. Para muchos, el ímpetu misionero de la Calle Azusa se debió a su interpretación escatológica (enseñanza sobre el destino último del ser humano y del universo) del bautismo en el Espíritu Santo. Ya que el bautismo en el Espíritu Santo con la experiencia de *glossolalia* se entendió como señal concreta de la cercana venida de Cristo. Y también, como parte de esa "lluvia tardía", profetizada en Joel 2:23, que precedía la gran cosecha (de vidas) antes de venir el Señor.

Además, Seymour, como Parham había enseñado, y otros de la Calle Azusa mantenían que las lenguas eran idiomas reales (lo que más tarde se llamaría *xenolalia*) dadas divinamente para predicar el evangelio a todo el mundo. Como pronto y tristemente aprendieron, tal no era el caso. Muchos regresaron derrotados del campo misionero, aunque la mayoría se quedaron y se adaptaron a los idiomas de los países que fueron a predicar y lograron ministerios de gran importancia. El "mal entendimiento" de las lenguas no refrenó la visión evangelística y misionera de los que el fuego pentecostés tocó en la Calle Azusa.

La lista de quienes viajaron al campo misionero es larga. Algunos son: Lucy Farrow viajó a Liberia en 1907, Lillian y Alfred Garr a la India en 1907, John G. Lake a África del Sur en 1908, Mary Rumsey a Corea, A.H. Argue a Canada, Carry Montgomery a México y A. C. Valdez a Australia y Nueva Zelandia.

Más tarde, otros bajo la influencia indirecta de la Calle Azusa viajaron a distintos países del mundo. Se puede mencionar algunos como: Thomas Ball Barratt, conocido como el apóstol pentecostal al norte y el oeste de Europa (Gran Bretaña y Europa Occidental); Ivan Voronaev, arrestado y martirizado en una prisión comunista en 1943 (Rusia y el mundo Eslavo); Daniel Berg and Gunnar Vingren, fundadores de las iglesias que más tarde se llamarán las Asambleas de Dios, en Brasil (Brasil); y Luigi Francescon (Argentina, Brasil y Italia), entre otros.[20]

Se debe señalar que los misioneros de la Calle Azusa no eran los únicos o necesariamente los que más contribuyeron al establecimiento del pentecostalismo global. Se tiene que tomar en cuenta que el "pentecostés" surgió en Gales, Mukti y en otros centros de avivamientos que también diseminaron el mensaje de pentecostés. Lamentablemente, en la mayoría de los casos "los héroes y heroínas" pentecostales de estos países no están registrados en los anales históricos. Muchos han expresado lo que Anderson subraya:

> A pesar del trabajo valeroso indiscutible de los misioneros pentecostales tempranos del Oeste, la contribución igualmente importante de evangelistas y pastores africanos, asiáticos, latinoamericanos, caribeños y del pacífico debería ser debidamente reconocida. Esto implica reconocer que la mayor parte de la extensión rápida del pentecostalismo en el siglo veinte no era sólo debido al labor de misioneros de Norteamérica y Europa Occidental a África, Asia y Latinoamérica, pero era sobre todo el resultado de la contextualización espontánea del mensaje pentecostés por miles de predicadores locales que cruzaron estos continentes con un nuevo mensaje del poder del Espíritu, sanando a los enfermos y echando afuera demonios. Éste puede ser una de las reconstrucciones más importantes necesarias en la escritura de la historia pentecostal.[21]

El movimiento pentecostal en Europa, África y Asia

Sería bueno señalar a lo menos algunos de los más conocidos evangelistas, misioneros o pastores que contribuyeron grandemente al establecimiento y desarrollo del pentecostalismo en los distintos continentes, no sólo en su comienzo, sino también más tarde.

En Europa se pueden nombrar, entre otros, los siguientes. **Thomas Ball Barratt** (1862-1940) es bautizado en el Espíritu en Nueva York en 1906. Regresa a Noruega y su congregación, Iglesia Filadelfia, en Oslo se convierte en el centro del avivamiento para el Norte y Oeste de Europa. **Alexander Boody** (1854-1930), un vicario anglicano cuya iglesia All Saints en Sunderland, Inglaterra fue el centro de avivamiento en Gran Bretaña. **George Jeffreys** (1889-1962) fundador de la denominación pentecostal más grande de Gran Bretaña, en el 1915 en Belfast, capital de Irlanda del Norte: la Alianza del Evangelio Cuadrangular Elim (Iglesia Pentecostal Elim).

En 1923 dos misioneros pentecostales de Suecia, Julia y Martin Wahlsten comienzan la obra pentecostal en España. Es importante notar que años más tarde en España varias denominaciones (concilios) pentecostales de Puerto Rico, México y Brasil entre otros países, levantan obras.

El pentecostalismo se extendió de Inglaterra a Francia y es en 1926 que llega a Paris como misionero **Thomas Roberts** (1902-1983). Roberts establece una misión pentecostal permanente ya que anteriormente habían reuniones pentecostales en el país pero ninguna obra permanente. En el 1930, también de Inglaterra, llega **Douglas Scott** (1900-1967) a predicar el evangelio completo a Francia. Scott es reconocido como el fundador de las Asambleas de Dios de Francia –la denominación pentecostal más grande del país. Es en Francia, en 1952, cuando comienza la obra pentecostal entre el pueblo Roma (gitano). En Francia y España el ministerio entre el pueblo Roma ha tenido gran impacto. Se dice que casi un cuarto de la población Roma en estos países es miembro de una iglesia pentecostal.

En Italia **Giácomo Lombardi** (1862-1934) es conocido como el fundador de la obra Pentecostal. Lombardi es convertido al evangelio en Chicago bajo el ministerio de Luigi Francescon y luego es enviado por Francescon a Italia, su país natal, en 1908. Dos denominaciones pentecostales trazan su origen a Lombardi: Congregazioni Cristiane Pentecostali y la Chiesa Cristiana Pentecostale Italiana. La denominación pentecostal más grande de Italia es la Assemblee di Dio in Italia. Vale notar que el movimiento carismático Católico es creciente y fuerte en Italia. El movimiento pentecostal de Italia es el segundo más grande en toda Europa Occidental, después de Gran Bretaña.[22]

Una figura clave en el pentecostalismo Europeo fue **Lewis Pethrus** (1884-1974). Pethrus pastoreó por cuarenta y siete años la Iglesia Filadelfia en Estocolmo, Suecia. Para el comienzo del 1960 su iglesia era la más grande del mundo, con una membresía de más de 6.000 adultos. Merece mencionar algunos de los ministerios (y la fecha de su comienzo) de esta iglesia y de su pastor, Pethrus: misión de rescate (1911), casa de publicaciones (1912), Escuela (Instituto) Bíblico Filadelfia (1915), el periódico (diario) nacional *Dagen* (1945), un banco de ahorro (1952), una emisora proclamando el evangelio en veintitrés idiomas (1955) y los cincuenta libros escritos por su pastor. Pethrus fue conocido como uno de los líderes pentecostales más influyentes en Europa y el mundo durante su vida. Su ministerio integral abrió paso para el reconocimiento del pentecostalismo en el mundo político y socio-cultural.[23]

En África se pueden notar algunos nombres, aunque encontramos un área debatible en cuestiones de definiciones, orígenes y procedencia.[24] Es bueno aclarar, de nuevo, que la clasificación de las iglesias pentecostales y carismáticas es difícil, compleja y sujeta a los criterios del investigador. Cuando uno mira a la larga historia del pentecostalismo en África, uno se da con el serio problema de definiciones y clasificaciones de los movimientos del Espíritu en este continente. En parte esto se debe a la naturaleza de la "espiritualidad" del continente: con una cosmovisión, liturgia y práctica muy autóctona; histórica, independiente, de "espíritu", y de religión y sociedad tribal. No obstante, quiero hacer hincapié en las Iglesias Africanas Autóctonas (AIC). A estas iglesias se le ha cuestionado su legitimidad como cristianas o como pentecostales por muchos, dadas sus prácticas y teología heterodoxa. A mi juicio, aunque sí hay muchos casos dudosos, la mayoría son pentecostales y carismáticas auténticas.

Los orígenes del pentecostalismo en África se le atribuyen, cuestionado por algunos, a **John Graham Lake** (1870-1935) en 1908. En Sudáfrica fundó dos iglesias o denominaciones pentecostales –la rama blanca, conocida por Misión de la Fe Apostólica y la rama negra, que llegó a constituirse en la Iglesia Cristiana Zion bajo el liderato en el 1925 de **Egenas Lekganyane** (c. 1880-1948). La Iglesia Cristiana Zion es una de las Iglesias Africanas Autóctonas (AIC) más grandes de África con más de seis millones de miembros y sigue creciendo.[25]

Una persona que ha impactado al África es el evangelista alemán **Reinhard Bonnke** (1940-). En el 1967, Bonnke comenzó su ministerio en el sur de África y luego abarcó todo el continente.

Se dice que sus cruzadas evangelísticas han atraído hasta un millón de personas en las distintas ciudades de África –los más numerosos en la historia cristiana. El testimonio es que miles de personas han venido a Cristo y han llenado las iglesias cristianas. También, se habla de la unción poderosa del Espíritu Santo en su vida y en sus campañas, manifestada en sanidad divina, liberación y milagros.[26]

El mensaje pentecostal ha arropado a toda África. Una de las naciones más impactadas es Nigeria. Bajo el pastorado de **William Kumuyi**, la congregación Iglesia Bíblica Vida Profunda en Lagos, Nigeria, en el año 2000, contaba con 145,000 miembros.

Entre los muchos países y personas de Asia, quiero destacar la obra pentecostal en Corea. El pentecostalismo llegó a Corea a través de la misionera **Mary Rumsey** en el 1930. En 1932 fundó en Seúl la Iglesia Subbingo Pentecostal que más tarde (1938) adopta el nombre de Iglesia Chosun Pentecostal y Centro de Misión. Después de la Guerra de Corea (1950-1952) en 1953 las ocho congregaciones de la Iglesia Chosun se constituyen en las Asambleas de Dios de Korea bajo la presidencia del primer misionero de esa denominación, **Arthur Chestnut**.[27]

Una de las personas más conocidas en el mundo pentecostal es **David (Paul) Yonggi Cho** (1936-), pastor recientemente retirado de la congregación más grande del mundo, Iglesia Yoido del Evangelio Completo, en Seúl, Corea del Sur.

En 1958 Cho, con su futura suegra **Jashil Choi** (1915-1989) comienza una pequeña "carpa-iglesia" en un barrio de Seúl. El crecimiento numérico y ministerial de esta congregación, que más tarde toma el nombre de Iglesia Yoido del Evangelio Completo, es milagroso. En el 1964 tenía 3.000 miembros; para el 1972 tenía 10.970 miembros y para 1979 la iglesia había pasado 100.000 miembros. Se dice que para el 1987 contaba con más de medio millón de miembros y más de 800,000 miembros para el año 2000.

El ministerio de Cho y la iglesia Yoido son de gran envergadura. Ya sea en evangelismo, misiones, acción social, radio, televisión, colegios, universidades, periódicos y revistas, etc. –la lista de ministerios es interminable. Dios ha dotado a este líder, con su suegra Choi como mano derecha; y el misionero **John Wesley Hurston** (1922-2007), quien Cho llamó su mentor y quien en 1981 fue nombrado por vida pastor "honorífico" de la iglesia Yoido; y más tarde más de 800 co-pastores, a responder a la necesidad moral, espiritual y social de su pueblo. Se podría comentar sobre muchos de los ministerios de la iglesia Yoido, pero quiero subrayar solo dos en particular. Aquí me refiero al ministerio de "células" (grupos pequeños que se reúnen en hogares) y al ministerio de la oración.

En el 1964, con una creciente congregación y visión, Cho comienza el ministerio de células. Al principio sólo hay 20 células. Ya para el 1972 tiene 296 grupos celulares y para el 2000 cuenta con más de 26.000 células que se reúnen semanalmente.[28] La dinámica del ministerio de células se convierte en uno de los instrumentos más importantes en el crecimiento de esta iglesia. Las células son las primeras que responden a los desafíos y promesas de los miembros y amigos de la iglesia. La intimidad espiritual y el calor humano es cultivado al igual que el estudio bíblico y visión evangelística y misionera.

"'La oración,' el pastor Cho repetidas veces afirma, 'es la clave al avivamiento. Hace una diferencia divina'".[29] Cho, siguiendo una práctica histórica entre las iglesias evangélicas de Corea, enfatiza la vigilia (oración de toda la noche). **Karen Hurston**, hija del misionero John Hurston y criada en la iglesia Yoido dice, "Desde el 1990 las reuniones de oración de toda la noche se ha llevado a cabo de las 10 p.m. a las 4 a.m. cada día excepto el domingo; el miércoles y los viernes tienen la asistencia más grande, hasta 25.000".[30]

El movimiento pentecostal y carismático ha visitado poderosamente a casi todos los países de Asia. En China, no obstante el comunismo ateo, su influencia ha sido significativa. Según algunos estudiosos, el movimiento pentecostal y carismático ha tocado la mayoría de las iglesias que se reúnen en casas.

El crecimiento del pentecostalismo ha sido gigantesco en Asia, sobre todo en Corea del Sur. Ya para el año 2000 Seúl, la capital de Corea del Sur, tenía once de las doce mega-iglesias más grandes en el mundo, incluyendo, por supuesto, la Iglesia Yoido del Evangelio Completo.[31]

Espíritu sin fronteras: Pentecostalismo en las Américas

El crecimiento del pentecostalismo en Latinoamérica ha sido considerado por muchos como uno de los más extraordinarios en la historia del cristianismo. El pentecostalismo alcanzó a todos los países de Latinoamérica. A México, y todo Mesoamérica, Sudamérica y el Caribe el fuego pentecostés, que experimentaron primero aquellos latinos en Azusa, ha llegado con gran poder y trascendencia. Desde su comienzo el pentecostalismo se enraizó en terreno fértil y autóctono de la América Latina. El fuego pentecostés ha convulsionado a las iglesias denominacionales ("evangélicas") y a la Iglesia Católica Romana. El crecimiento carismático entre los "evangélicos" y católicos en América Latina es singular: no sólo en números o en la adoración (en el culto) sino también en múltiples niveles y maneras de su espiritualidad cotidiana.

Es bueno tener en mente en esta sección las observaciones de Allan Anderson:

> El movimiento en el Sur (refiriéndose a América del Sur), por lo tanto, es claramente diferente de aquel del Norte y no deberíamos considerarlo como una creación Norteamericana o importación. Esto es particularmente cierto en los países de Chile, Argentina y Brasil que juntos cuentan con aproximadamente dos tercios de todos los pentecostales en esta región... La diversidad y la fragmentación cismática de los grupos pentecostales hacen difícil sino imposible clasificar el pentecostalismo en América Latina, y categorías creadas en el Norte simplemente no cabrán.[32]

Dado lo anterior, quiero comentar sobre el comienzo del pentecostalismo en Latinoamérica, resaltando a Chile, Argentina y Brasil –aunque comentaré también sobre el pentecostalismo en los otros países.

El pentecostalismo en Chile

El pentecostalismo comienza en Chile bajo el liderato de **Willis Collins Hoover** (1858-1936), el padre del pentecostés Chileno. W. C. Hoover nació el 20 de Julio de 1858 en Freeport, Illinois en los Estados Unidos. Graduado de medicina y cirugía de la Universidad de Chicago en 1884, responde al llamado misionero en 1889, el cual lo lleva a ministrar a Chile. Ya para el 1902 es instalado como pastor de la Iglesia Metodista Episcopal en Valparaíso.

En el 1894-1895 había tomado un viaje "sabático" (de descanso) a los Estados Unidos. En la ciudad de Chicago, Hoover fue impresionado profundamente por el avivamiento "pre-pentecostal" bajo **William H. Durham** en la iglesia North Avenue Mission. Luego regresa a Valparaíso y en 1907, a través de su esposa, Mary Louise, recibe un librito de Minnie Abrams, *The Baptism of the Holy Ghost and Fire* (El bautismo del Espíritu Santo y fuego) que describe el avivamiento en la misión Mukti en la India y daba una explicación bíblica y teológica del evento. Los Hoover establecen correspondencia con Abrams y con personas como Thomas B. Barratt, Metodista pionero pentecostal en Europa y otros en distintas partes del mundo donde estaba surgiendo el fuego Pentecostal.

Los Hoover y la iglesia que pastoreaban se movilizan a orar y a una búsqueda más profunda de la vida en el Espíritu. Ya para el comienzo del 1909 se notan "señales" del Espíritu en la congregación, pero es en el mes de julio, después de seis meses de oración, que el fuego "estalló" en la Iglesia Metodista Episcopal de Valparaíso. Escribiendo más tarde, Hoover en su libro, Historia del avivamiento pentecostal en Chile (1931), recuerda el avivamiento y las manifestaciones espirituales:

> El avivamiento desde su principio fue acompañado por manifestaciones extraordinarias de diversas clases; risas, lloros, gritos, cantos, lenguas extrañas, visiones, éxtasis en las que las personas caían al suelo... Los que pasaban por estas experiencias gozaban mucho y generalmente fueron muy cambiados y llenados de alabanzas, del espíritu de oración; de amor.[33]

El impacto del avivamiento fue inmediato y con grandes repercusiones. Como nos dice **Vinson Synan**, "el movimiento pronto se extendió a Santiago y floreció en medio de un trasfondo de inmigración urbana y deterioro social".[34] Aquí es bueno notar que Hoover, aunque vino a Chile como misionero, en poco tiempo se había contextualizado al pueblo Chileno, con una visión y compasión de alcanzar a los pobres y marginados de la sociedad. Es más, muchos visitantes norteamericanos a la iglesia comentaban sobre el esfuerzo de Hoover de ministrar a los pobres y se asombraban al encontrar un misionero Americano que vivía como el pueblo chileno.[35]

La nueva vida en el Espíritu fomentó grandes cambios en la vida y misión de la Iglesia Metodista Episcopal –nuevo fervor en compartir el evangelio y testimonio de la obra del Espíritu en sus vidas. La iglesia crecía en números y en el gozo del Señor –pero también, como la historia documenta en otros países, en la oposición. Para el conjunto de voces opositoras, las manifestaciones espirituales eran consideradas anti bíblicas e incorrectas.

No pasó mucho tiempo cuando Hoover tuvo que "dar cuentas" a la Conferencia Anual (asamblea legislativa de la Iglesia Metodista Episcopal en todo Chile). Después de la Conferencia condenar las manifestaciones, aunque Hoover fue exonerado, no le quedo otro remedio a él y a sus compañeros y en 1910 se separaron de la Iglesia Metodista Episcopal. Siempre un amante de Juan Wesley y el movimiento metodista, Hoover y sus seguidores organizan la Iglesia Metodista Pentecostal. Un nombre con el cual muchos, dentro y fuera del pentecostalismo, no estaban muy de acuerdo.

La Iglesia Metodista Pentecostal y más tarde la nueva denominación que sale de ella, Iglesia Evangélica Pentecostal (fundada por Hoover en 1932), han crecido grandemente. La congregación Metodista Pentecostal Jotabeche en Santiago es la más grande. Para el 1967 era la congregación más grande del mundo con más de 60.000 mil miembros. Para el 2000 esta congregación contaba con más de 350.000 miembros –la segunda iglesia más grande del mundo, después de la Iglesia Yoido en Seúl, Corea.[36]

Para el año 2000, "aproximadamente el cincuenta por ciento del mundo pentecostal Chileno pertenecía a la Iglesia Metodista Pentecostal original y otro treinta y ocho por ciento a la Iglesia Evangélica Pentecostal".[37]

La vida y ministerio de H. C. Hoover y miles de siervos de Dios han revolucionado un país. Ya para los primeros años del siglo veintiuno, treinta y seis por ciento de todo Chile estaba afiliado con iglesias pentecostales. Entre las denominaciones pentecostales y carismáticas más prominentes en Chile se encuentran: Iglesia Metodista Pentecostal de Chile, Iglesia Evangélica Pentecostal de Chile, Iglesia Evangélica Metodista Pentecostal, Iglesia Pentecostal Naciente, Iglesia de Dios en Chile, Asambleas de Dios en Chile, Iglesia Pentecostal Unida de Chile, Iglesia del Evangelio Cuadrangular y la Iglesia de Dios de la Profecía, entre otras.

El pentecostalismo en Argentina

El mensaje pentecostal logra arribar a Argentina al principio del 1909. Entre los primeros misioneros pentecostales está la canadiense **Alice Wood** y el noruego **Beeger Johnson**. El 9 de octubre de 1909 los misioneros petecostales italianos **Luigi Francescon, Lucia Menna** y **Giácomo Lombardi** llegan a Argentina. **Luigi Francescon** (1866-1964), producto de la obra pentecostal de **William Durham** en Chicago, con sus colegas establecen su trabajo entre la comunidad inmigrante italiana. Como resultado de su labor entre los inmigrantes italianos se funda la Iglesia Asamblea Cristiana.

Otros misioneros norteamericanos, italianos y también misioneros de los países escandinavos, llevan acabo una gran labor y plantan el mensaje pentecostal en Argentina. Además, se debe subrayar el papel importante de los misioneros de Chile en el comienzo y desarrollo de la iglesia pentecostal en Argentina.[39]

En el 1954 la obra pentecostal en Argentina recibió gran estímulo y aumentó debido a la campaña evangelística y de sanidad divina del evangelista pentecostal **Tommy Hicks** (1909-1973). Providencialmente, la campaña de Tommy Hicks logró recibir el apoyo del presidente Juan Domingo Perón y las autoridades argentinas. La razón de tal apoyo, según D.D. Bundy, fue que Hicks había tenido varias conversaciones con el presidente y que sus visitas habían resultado en la sanidad divina de Perón de una enfermedad de piel (eczema).[40] Según **Vinson Synan**, "Tommy Hicks realizó la cruzada evangelística más importante de la historia de la iglesia hasta ese momento. La asistencia a sus reuniones superó a cualquier otro evangelista anterior, entre ellos **Finney, Moody** y **Billy Graham**. En 52 días, desde mayo hasta julio de 1954, Hicks predicó a un total de aproximadamente dos millones de personas, y más de doscientas mil asistieron al culto final en un gigantesco estadio de fútbol".[41]

Los años 1970 y siguientes fueron muy significativos para el mundo pentecostal en Argentina. Surgieron y se desarrollaron un gran número de ministerios e iglesias pentecostales independientes. En otras palabras, estos ministerios e Iglesias no tenían afiliación con las iglesias pentecostales históricas, clásicas y establecidas. Entre las muchas que se pueden nombrar se encuentra, "Visión del Futuro" bajo el liderato de **Omar Cabrera** y "Ondas de Amor y Paz" bajo **Héctor Giménez**. Estas iglesias, al igual que otras, con "estilo" de ministrar y de pensamiento pentecostal distinto, no fueron muy bien recibidas por las iglesias pentecostales ya establecidas. Con todo, las iglesias pentecostales (sean clásicas, independientes o carismáticas) han crecido grandemente en Argentina, sobre todo a partir de los años 1990.

Dos evangelistas y pastores muy conocidos en Argentina y en todo el mundo son, **Carlos Annacondia** (1944-) y **Claudio Freidzon** (1955-).

Carlos Annacondia ha tenido gran éxito en la realización de la visión de su ministerio "Mensaje de Salvación" de "evangelizar Argentina, América y el Mundo". C. **Peter Wagner**, hablando del ministerio de Annacondia dice, "Después de observar el ministerio de Carlos Annacondia durante varios años, estoy en condiciones de presentar una hipótesis: Annacondia bien podría ser el evangelista interdenominacional de cruzadas urbanas más efectivo de todos los tiempos. Si resulta que esto se aproxima siquiera a la verdad, su forma de ganar en las ciudades a las masas para Cristo, merece un estudio concienzudo".[42]

Claudio Freidzon fundó la Iglesia Rey de Reyes en 1986, que hoy cuenta con más de 20.000 miembros. En 1992 el recibe un poderoso encuentro con el Espíritu Santo. El impacto fue tan potente que su iglesia fue también "sacudida" y se convierte en un centro donde miles de personas de todas partes del mundo, a través de los años, vienen en busca de un renuevo espiritual. El ministerio de Freidzon se ha extendido por sus grandes cruzadas y conferencias a todos los continentes.

Freidzon y Annacondia han tenido una medida especial de la unción del Espíritu que ha resultado que miles de vidas hayan venido a Cristo y en poderosas manifestaciones del Espíritu de sanidades divinas y liberaciones.

Entre las denominaciones pentecostales y carismáticas más prominentes en Argentina se encuentran: Unión Nacional de las Asambleas de Dios, Iglesia del Evangelio Cuadrangular, Iglesia Evangélica Pentecostal Argentina, Iglesia Evangélica Pentecostal Argentina, Iglesia Evangélica Pentecostal Unida, Iglesia Nueva Apostólica, Asambleas de Dios y la Iglesia Ondas de Amor y Paz, entre otras.[43]

El pentecostalismo en Brasil

Brasil es un país donde, a lo menos, una de cada cinco personas practica una de las religiones afro brasileñas –a saber, Candomblé, Umbanda, Macumba, Batuqe y Xangó, entre otras. Aún más, esto es sin contar los números y la influencia del "Espiritismo" (à la Allan Kardec) contextualizado a la realidad socio-cultural Brasileña. En este ambiente súper "espiritual" el pentecostalismo se ha arraigado, ha florecido y ha confrontado a todo espíritu que no responde al señorío de Cristo.

El comienzo del pentecostalismo en Brasil tiene dos fuentes. **Luigi Francescon**, después de fundar congregaciones en Argentina, llega a São Paulo, Brasil, en 1910 a trabajar con los inmigrantes italianos. Él establece la primera iglesia pentecostal en Brasil. El resultado de su labor es la denominación Congregacioni Christiani (con el nombre en italiano) que más tarde es conocida por su nombre portugués Congregação Cristã. Esta iglesia fue principalmente italiana hasta los años 1930 cuando adoptó el idioma portugués. Con más de tres millones de miembros es ahora la segunda denominación pentecostal más grande en Brasil, después de la Assembléias de Deus.

La otra fuente del comienzo del pentecostalismo en Brasil responde a un llamado misionero extraordinario a dos inmigrantes suecos que se encontraban en los Estados Unidos. **Daniel Berg** (1884-1963) y **Adof Gunnar Vingren** (1879-1933), frutos del ministerio pentecostal de **William Durham** en Chicago, reciben una profecía de ir al campo misionero a un lugar llamado Pará. Como se cuenta, no sabiendo en qué país se encontraba Pará, fueron a una biblioteca donde descubrieron que Pará era un estado ubicado en el norte de Brasil. Fieles a su llamado y con la bendición de Durham, ambos llegan a Belém, capital de Pará en el 1910. Aparte del respaldo de la iglesia de Durham, Berg y Vingren recibieron todo tipo de apoyo, incluyendo financiero, de iglesias pentecostales en Suecia (por ejemplo, la Iglesia Filadelfia que pastoreaba Lewis Pethrus) y otras iglesias escandinavas. Las iglesias fundadas por Berg y Vingren fueron llamadas al principio Missaõ da Fé Apostólica. Para el 1918 se registran como las Assembléias de Deus. Hoy es la denominación pentecostal más grande de Brasil y América Latina –con más de veinte millones de miembros o partidarios.[44]

Aun cuando el pentecostalismo en Brasil es el resultado del trabajo del pueblo brasileño, y aparte de los fundadores mencionados, es bueno señalar un ejemplo más de un misionero norteamericano. Me refiero a **Gustav Bergstrom** (1907–1997) quien nació en Suecia, emigró a los Estados Unidos y luego salió como misionero de las Asambleas de Dios a Brasil. Se dice que Bergstrom plantó más de cien iglesias en más de setenta ciudades de Brasil. Se señala, además, que plantó las iglesias primordialmente a través de evangelismo personal y distribución de literatura cristiana.[45] El departamento de misiones de las Asambleas de Dios en los Estados Unidos ha reconocido a Gustav Bergstrom como uno de los misioneros más grandes del tiempo moderno.

Se habla de una segunda etapa de la obra pentecostal en Brasil cuando surgen nuevas denominaciones pentecostales en los años de 1950. Entre ellas se encuentran Igreja Evangélica Pentecostal "Brasil para Cristo", Igreja Pentecostal Deus É Amor y la Igreja do Evangelho Quadrangular. Esta última iglesia fundada en 1951, resultado de una campaña evangelística y de sanidad divina del ex-actor de Hollywood, **Harold Edwin Williams**. Williams es miembro de la Iglesia Cuadrangular de Los Angeles, California, la cual fue fundada por la muy conocida Aimee Semple McPherson. Williams, como fruto de su ministerio en Brasil, deja una denominación que es actualmente más grande que su iglesia madre en los Estados Unidos. Es una iglesia, que en el "espíritu" de su fundadora, McPherson, cuenta en Brasil con un cuerpo ministerial donde más de la tercera parte son mujeres.

Brasil para Cristo (fundada en 1955) es la primera iglesia pentecostal principal fundada por un brasileño **Manoel de Mello e Silva** (1929-1990). Este ex-pastor de las Assembléias de Deus era un poderoso predicador del evangelio que edificó en São Paulo un templo que sentaba más de 25.000 personas. Para el año 2000 Brasil para Cristo contaba con 4.500 congregaciones y más de un millón de afiliados. La iglesia Deus É Amor fue fundada en 1962 por David Miranda, el cuñado de Manoel de Mello y para el año 2000 tiene más de 600.000 miembros.

Para el 1975 comienza otra fase del pentecostalismo en Brasil, surgiendo, entre otras, la Igreja Universal do Reino de Deus fundada en

1977 por **Edir Macedo Bezzera** (1945-). Esta iglesia ha crecido fenomenalmente, no sólo en Brasil, sino también en toda América Latina y entre los latinos de los Estados Unidos y otras partes del mundo. Macedo y su iglesia han sido objeto de controversia para muchos pentecostales y otros cristianos, ya que su teología extrema y melodramática de la "prosperidad" y sus prácticas "cuasi-sacramentales" son cuestionables.[46]

El crecimiento y la extensión rápida del pentecostalismo en Brasil han dejado asombrados a los sociólogos de la religión y a otros eruditos. Desde las favelas de Rio de Janeiro hasta las oficinas políticas más altas de la nación (por ejemplo, Benita da Silva) uno se da con la presencia pentecostal. Se cuenta que el cuarenta y siete por ciento de todo Brasil está afiliado con el pentecostalismo –como miembros o partidarios. Entre las denominaciones pentecostales y carismáticas más prominentes en Brasil se encuentran: Assembléias de Deus, Cruzada Nacional de Evangelizacão, Igreja de Cristo Pentecostal do Brasil, Igreja Pentecostal Unida do Brasil, Igreja de Deus do Brasil, Igreja Universal do Reino de Deus, Igreja Pentecostal Deus é Amor, Igreja Pedra Fundamental, Igreja Evangélica Pentecostal "O Brasil para Cristo" y Congregação Cristã do Brasil, entre otras.[47] Con más de treinta millones de pentecostales, Brasil es el país con el número más grande de pentecostales en el mundo.

El pentecostalismo en otros países de América del Sur

El fuego pentecostal ha visitado todos los países de América Latina. Es bueno recalcar el papel especial que han jugado Estados Unidos, Canadá y Suecia (y en cierta medida, otros países escandinavos) en el envío y apoyo de los primeros misioneros a Latinoamérica.

En Venezuela, el fuego se manifestó al principio del siglo veinte entre misioneros independientes y otros que servían bajo la Alianza Cristiana y Misionera, como **Alice Wood** y **Gerard A. Bially**. Pero es el misionero alemán que sale de los Estados Unidos, **Gottfried Frederick Bender** (1877–1961) que llega en 1914, quien se reconoce como el líder principal del avivamiento pentecostal en

Venezuela. Bender sirvió como misionero primero en Los Teques y luego en Barquisimeto, estado Lara. No obstante la persecución de la Iglesia Católica, Bender predica el evangelio y el mensaje pentecostés. Se nombra a **Felipe Vázquez** y **Alfonso Gravina G.** como los primeros que reciben el bautismo en el Espíritu Santo. Felipe Vázquez es considerado el primer pastor pentecostal venezolano. Para el 1947 las iglesias bajo Bender se afilian con las Asambleas de Dios de los Estados Unidos.[48]

La obra pentecostal comienza en Caracas por la vía de misioneros independientes latinos de una congregación de Nueva York –las familias de **Petra Vidal** y la familia Medina. Vidal y Medina fundan la iglesia pentecostal en Caracas en el 1936. Para los años 1940 la congregación que pastoreaban Vidal y Medina es trasladada a Irving Olson, anteriormente un Bautista Sueco, pero entonces ministro de las Asambleas de Dios de los Estados Unidos. Bajo el exitoso ministerio de Olson el mensaje y la obra pentecostal es establecida en distintos lugares de Caracas y otros pueblos.[49] Actualmente su hijo **Samuel Olson** es presidente del Seminario Evangélico de Caracas y pastor de la Iglesia Evangélica Pentecostal Las Acacias, una de las iglesias más grandes y bendecidas de la nación.

Lamentablemente, como ha ocurrido en muchos sitios cuando la "tutela" o el "mando" de la obra cristiana, en este caso pentecostal, está en manos de las "oficinas extranjeras" y misioneras y no las autóctonas del país, la división o separación es inevitable. Como aconteció con **Francisco Olazábal** y las Asambleas de Dios en Victoria, Texas (1922–1923), también sucedió en Venezuela en 1957. En ese año nace una nueva denominación en Venezuela –la Unión Evangélica Pentecostal Venezolana (UEPV). El líder de la denominación es **Exeario Sosa**, un ministro discipulado por Gottfried Frederick Bender. La UEPV es una iglesia pentecostal con un ministerio integral y progresista –que sigue la tradición radical social, ecuménica y evangelística de Bender. Como nos recuerda **Carmelo Álvarez**, es importante notar la asociación especial que ha tenido por más de cuarenta y cinco años la Iglesia Cristiana (Discípulos de Cristo) de los Estados Unidos y la UEPV. Esta denominación a ofrecido un buen testimonio y un modelo concreto de ecumenismo cristiano.[50]

La UEPV ha provisto presencia pentecostal y liderato entre las iglesias pentecostales en América Latina, particularmente en la Comisión Evangélica Pentecostal Latinoamericana (CEPLA), en el Consejo Latinoamericano de Iglesias (CLAI) y el Consejo Mundial de Iglesias (WCC).

Aparte de las Asambleas de Dios en Venezuela y de la Unión Evangélica Pentecostal Venezolana, están entre las más grandes, las Iglesias del Pentecostal Unitario Luz del Mundo y la Iglesia Pentecostal Unida. Algunas denominaciones pentecostales con gran labor en Venezuela son las Iglesias del Evangelio Cuadrangular, Iglesia de Dios Pentecostal y la Iglesia Apostólica Venezolana y Misionera, entre otras. El movimiento carismático entre las otras iglesias evangélicas es significativo. También se debe notar el gran crecimiento del movimiento católico carismático.[51]

El registro del ministerio pentecostal en Colombia comienza con la llegada de **Adah Winger Wegner** y **Edward Wegner** en el 1932. El hogar de Benito Vega es el primer lugar de reunión. El ministerio es bendecido y en el 1942 se afilia a las Asambleas de Dios de los Estados Unidos.[52] En el 1936 **Verner Larsen**, un misionero sueco-canadiense, comienza la denominación pentecostal unitaria que actualmente lleva el nombre de Iglesia Pentecostal Unida de Colombia –posiblemente la denominación pentecostal más grande del país.[53]

La iglesia pentecostal, al igual que todas las iglesias evangélicas del país, sufren grandes persecuciones de parte de la Iglesia Católica y sus representantes. Sólo después del Vaticano II es que se alivia un poco la persecución. También la iglesia, como el pueblo colombiano, sufre la violencia del narcotráfico. No obstante, la iglesia pentecostal de Colombia ha prosperado y ha sido de gran bendición a un pueblo sufrido. Irónicamente, el movimiento católico carismático ha crecido en el país colombiano. Se dice que el movimiento carismático entre los católicos comenzó en Bogotá en el 1967, el mismo año que aconteció en Pittsburgh, Pennsylvania de los Estados Unidos.

En el 1983 en Bogotá se inicia el ministerio Misión Carismática Internacional (MCI) bajo el liderato de **César** y **Claudia Castellanos**. Su visión G-12 (movimiento celular del gobierno de los 12) ha movilizado a esta iglesia a convertirse en uno de los movimientos carismáticos más poderosos del país. Es un movimiento de evangelización y discipulado con gran envergadura en la sociedad colombiana y más allá, aunque, para muchos ha sido fuente de controversia.

Entre las denominaciones pentecostales y carismáticas más prominentes se encuentran las arriba mencionadas: Iglesia Pentecostal Unida de Colombia, las Asambleas de Dios de Colombia y la Misión Carismática Internacional. También se encuentran la Iglesia del Evangelio Cuadrangular, Iglesia de Dios en Colombia y la Iglesia Cristiana Cruzada, entre otras.[54]

La obra pentecostal en Perú comienza en el 1911 cuando los misioneros independientes **Howard W.** y **Clara Cragin**, de los Estados Unidos, llegan a Callao. A los Cragin le siguen otros misioneros y para el 1922 llegan los primeros misioneros de las Asambleas de Dios. La contribución de **Willis Hoover** en los primeros años del pentecostalismo peruano es significante. En el 1928 Hoover lleva a cabo campañas evangelísticas en Callao y Lima que dan por resultado a lo menos tres congregaciones pastoreadas por peruanos.

A lo largo de la historia pentecostal en Perú, como en muchos otros países, las divisiones ocurren cuando surgen conflictos sobre autonomía, patriotismo, manejo y dependencia financiera y el control por misioneros y las "oficinas extranjeras". Ya para el 1936 se fragmentan las Asambleas de Dios, resultando en la creación de la Iglesia Evangélica de Cristo del Perú, la primera denominación independiente pentecostal peruana.

Es importante señalar el papel del ejecutivo misionero de las Asambleas de Dios **Melvin Hodges**. En el 1956 Hodges llega a Perú de las oficinas centrales en Springfield, Missouri a lidiar con la actitud autoritaria y paternalista de los misioneros de los Estados Unidos. Sabiamente, Hodges despacha a muchos misioneros norteamericanos y cede autonomía a los Asambleístas peruanos. Bajo el liderato peruano las Asambleas de Dios en Perú han crecido grandemente y se cree que hoy abarcan casi un ochenta por ciento del pentecostalismo peruano. Entre las denominaciones pentecostales y carismáticas más prominentes se encuentran: Asambleas de Dios del Perú, Iglesia de Dios de la Profecía, Iglesia de Dios del Perú, Iglesia Pentecostal Unida, Iglesia Evangélica Pentecostal del Perú, Iglesias Evangélicas Americanas Indígenas del Perú y muchas otras. Se cuenta que hay más de cincuenta y cinco denominaciones pentecostales en Perú.

El pentecostalismo ha hecho su impacto en los otros países del continente. En el Ecuador, Bolivia, Uruguay y Paraguay vemos el fuego pentecostés surgiendo y el establecimiento de fuertes iglesias y ministerios pentecostales y carismáticos. Entre las más prominentes en estos países se encuentran las siguientes:

Ecuador - Asambleas de Dios en el Ecuador
     Iglesia del Evangelio Cuadrangular
     Iglesia de Dios
     Iglesia Pentecostal Unida del Ecuador
     Iglesia de Dios de la Profecía

Bolivia - Asambleas de Dios de Bolivia
     Iglesia de Dios de la Profecía
     Iglesia de Dios
     Asambleas de Dios Bolivianas
     Ekklesia Bolivia
     Iglesia Evangélica Pentecostal de Chile
     Iglesia Evangélica de Dios Boliviana

Uruguay - Asambleas de Dios (USA)
     Iglesia de Dios
     Asambleas de Dios (Sueca)
     Iglesia Nueva Apostólica
     Tabernáculo Cristo

Paraguay - Asambleas de Dios en el Paraguay
     Iglesia de Dios en el Paraguay
     El Pueblo de Dios
     Iglesia Pentecostal de Chile
     Congregación del Paraguay
     Iglesia Evangélica Asambleas de Dios Misionera
     Iglesia Evangélica Gracia y Gloria
     Iglesia Universal del Reino de Dios.

México, Centroamérica y el Caribe latino

Cuándo y quienes vinieron primero a México con el mensaje pentecostal es debatible. Quizás fueron aquellos evangelistas mexicanos independientes que habían recibido su pentecostés en Texas bajo el ministerio de **Charles Parham** o aquellos latinos (también mexicanos) que vivieron la experiencia del bautismo en el Espíritu Santo en la Calle Azusa. También se habla de **Gabriel García** y de la pequeña aldea, Valle de Tecupeto, quien recibió una visitación extraordinaria de glossolalia en el 1907, al parecer, sin conexión al avivamiento de la Calle Azusa.[57]

No obstante, sabemos que **Ramonita Carbajal de Valenzuela** fue una de las primeras que trajo el evangelio completo a México. Después de recibir su pentecostés en Los Ángeles, California –muchos creen en la Calle Azusa– regresa en 1914 a México (a la Villa Aldama en el estado de Chihuahua) con su esposo Genaro. Es aquí en la Villa Aldama donde comienza y se establece la base del pentecostalismo unitario o Apostólico en México. Su labor da por resultado la Iglesia Apostólica de la Fe en Cristo Jesús en México y más tarde engendra dos otras denominaciones pentecostales apostólicas: Consejo Espiritual Mexicano y La Luz del Mundo.[58]

El pentecostalismo mexicano ha crecido y se ha convertido en el movimiento protestante más grande del país. Entre los primeros pioneros se encuentran hombres y mujeres que sacrificaron sus vidas en favor del evangelio de Jesucristo. Además de Gabriel García y Ramonita Carbajal de Valenzuela, se debe nombrar personas como: H.C. Ball, Alice E. Luce, Francisco Olazábal, David Ruesga, Ana Sanders, Daniel Gómez Díaz, Cesáreo Burciaga Rubio, Axel y Ester Anderson, Marin W. Rivera Atkinson y Rodolfo C. Orozco, entre otros.[59]

Además de las Iglesias mencionadas anterior, entre las denominaciones pentecostales y carismáticas más prominentes en México se encuentran las siguientes: Asambleas de Dios de México, Iglesia de Dios (Evangelio Completo), Iglesia Pentecostal Unida, Unión de Iglesias Evangélicas Independientes, Iglesia de Dios en la República Mexicana y las Iglesias Evangélicas Independientes.[60]

El pentecostalismo está creciendo tremendamente en Centroamérica. Se dice que Guatemala tiene más de dos millones de pentecostales y carismáticos, de los cuales la mitad son amerindios

(Mayas). Más de dos terceras partes del mundo evangélico en Guatemala es pentecostal. Es interesante notar que Guatemala tuvo el "dudoso honor" de tener como presidente o dictador de la nación a un pentecostal (miembro de la Iglesia Cristiana Verbo): el General José Efraín Rios Montt (1982-1983).[61]

La denominación pentecostal más grande en Guatemala es las Asambleas de Dios. Es notable también el crecimiento de la Iglesia de Dios (Cleveland) en todo el país. Entre los primeros pioneros del pentecostés se nombran a Amos y Effie Bradey, R.S. Anderson, Cristóbal Alberto Hines y su esposa Inés Hines, Benancio Ruano, Franciso R. Arbizú y Toribio Ramírez, entre otros. Entre las denominaciones pentecostales y carismáticas más prominentes en Guatemala se encuentran: Asambleas de Dios en Guatemala, Iglesias de Dios del Evangelio Completo, Misión Cristiana Elim, Iglesia Evangélica del Príncipe de Paz, Iglesia Evangélica Cristiana Calvario, Misión Cristiana Evangélica Lluvias de Gracia y Iglesia de Dios Misionera, entre otras.[63]

El Salvador, aunque la nación más pequeña de las repúblicas de Centroamérica, ha recibido una grande visitación del fuego pentecostés.

El canadiense Frederick Ernest Mebius (1869-1945) fue el primer misionero pentecostal en El Salvador. La fecha de su llegada es debatible; algunos estudiosos dicen 1904 y otros dicen 1906 o 1909. En todo caso, sabemos de su compromiso con el Señor y abnegado trabajo en favor del pueblo salvadoreño. Comienza la obra pentecostal entre los colonos de los cafetales de Lomas de San Marcelino, en las laderas del volcán de Santa Ana. Su labor es bendecida y al pasar el tiempo da por resultado el comienzo de las dos denominaciones pentecostales más grandes del país, las Asambleas de Dios y la Iglesia de Dios; también impulsa varias iglesias independientes en El Salvador, Guatemala, Nicaragua y Honduras.[64]

Entre las denominaciones pentecostales y carismáticas más prominentes de El Salvador se encuentran: Asambleas de Dios, Iglesia de Dios (Cleveland), Iglesia Pentecostal Unida, Iglesia del Príncipe de Paz, Misión Cristiana Elim y la Iglesia Apóstoles y Profetas, entre otras.[65]

El fuego pentecostés ha visitado también a Nicaragua, Honduras, Costa Rica y Panamá. Entre los pioneros pentecostales de estas naciones se encuentran: Edward Barnes, Beno Schoeneich, Margarita Seymour, Adán Brandt, Santos Beltrán, Francisco

Jordán, Lois y Melvin Hodges, Ralph D. Williams y Francisco R. Arbizú, entre otros.

Es bueno subrayar la contribución al crecimiento de la obra pentecostal en estos países, como en otros pueblos latinoamericanos, de las campañas evangelísticas y de sanidad divina de Roberto Fierro, T. S. Osborn, Roberto Espinoza y "Yiye" Ávila, entre muchos. También se debe notar el impacto del ministerio radial de Paul "El Hermano Pablo" Finkenbinder en estas repúblicas y por toda la América Latina.

Estos países de Centroamérica también tienen fuertes Iglesias y ministerios pentecostales y carismáticos. Entre las denominaciones más prominentes en estos países se encuentran las siguientes:[66]

Nicaragua -	Asambleas de Dios
	Iglesia de Dios (Cleveland)
	Iglesia de Dios de la Profecía
	Iglesia Apostólica de la Fe en Cristo Jesús
	Iglesia de Dios Pentecostal
Honduras -	Asambleas de Dios
	Iglesia de Dios (Cleveland)
	Iglesia Filadelfia
	Iglesia del Evangelio Cuadrangular
	Iglesia del Príncipe de Paz
	Centro de Formación Cristiana
	Iglesia Puerta al Cielo
	Gran Comisión
	Iglesia Congregacionalista de Santidad
Costa Rica -	Asambleas de Dios
	Iglesia de Dios de Costa Rica (Cleveland)
	Iglesias de Santidad Pentecostal
	Misión Cristiana Mundial Rosa de Sarón
	Asociación Iglesia Manantial de Vida
	Asociación Iglesia Apostólica de Fé en Cristo Jesús
Panamá -	Asambleas de Dios
	Iglesia del Evangelio Cuadrangular
	Iglesia de Dios (Cleveland)
	Asociación Evangélica Iglesia Guaimí
	Iglesia Evangélica
	Iglesia Apostólica Pentecostal Nacional

Puerto Rico, la República Dominicana y Cuba son tres países del Caribe donde el fuego pentecostés se ha encendido con gran impacto en la vida religiosa del pueblo.

Puerto Rico recibió su pentecostés bajo el liderato del pionero **Juan L. Lugo** en 1916. En el capítulo anterior hemos contado la peregrinación de Lugo a su isla natal, las luchas y los logros de su ministerio. Lo que falta por señalar aquí, entre muchas cosas que se podían decir, es el "espíritu" misionero de los puertorriqueños, no sólo en Puerto Rico y a los Estados Unidos, sino más allá. Es importante notar que a través de los años esta pequeña isla se ha convertido en uno de los países más agresivos a la hora de llevar el evangelio completo a otras naciones. Son pocos los países de la América Latina donde los evangelistas, maestros y misioneros de Puerto Rico no han estado presentes.

El pentecostalismo llega a la República Dominicana a través del puertorriqueño **Salomón Feliciano Quiñones**. En el 1917 Feliciano y su esposa **Dionisia** salen de Puerto Rico, después de trabajar con Lugo, y llegan a San Pedro de Macorís. Como nos recuerda Roberto Domínguez, "San Pedro de Macorís tuvo el privilegio de ser la cuna de pentecostés. De allí se extendió a La Romana, El Seybo, Guaymate, Santo Domingo, Santiago y a los más remotos campos del país".[67]

Entre los pioneros de pentecostés de la República Dominicana se encuentran: Francisco Hernández González, Andrea Rosario, Juan Críspulo Rivero, Eloisa Feliciano, Jimeno Feliciano, Roberto Martín, George L. Silvestre, Pedro Cabrera y Lawrence y Jessie Perrault, entre otros.[68]

Aunque se mencionan los nombres de Sam C. Perry y a J.M. Shirlens entre los primeros pentecostales en Cuba, es a la misionera norteamericana **May Kelty** (quien ya había visitado la isla en 1920) que se reconoce como la pionera de pentecostés en Cuba. Kelty, acompañada por **Anna Sanders**, llega a Cuba en 1931 y en el 1933 se unen a ellos los puertorriqueños **Francisco** y **Esther Rodríguez**. Las Asambleas de Dios, la denominación pentecostal más grande en Cuba, tienen sus raíces en los esfuerzos misioneros de Kelty, Sanders y los Rodríguez.

El movimiento pentecostal comienza a crecer y a desarrollarse durante las décadas de los treinta y cuarenta, a pesar de distintas y dolorosas divisiones de iglesias. Para la década del cincuenta la obra pentecostal cobra impulso a través de varias campañas evangelísticas. Se señala el gran ímpetu dado al movimiento pentecostal en Cuba por las campañas evangelísticas y de sanidad divina de T. S. Osborn en 1950-1951. También se habla de un avivamiento en Cuba desde el 1950 al 1963. Para muchos, esto representaba la mano providencial de Dios en la víspera de la revolución comunista.

Le ha costado mucho a las iglesias pentecostales, al igual que todas las iglesias cristianas, vivir bajo el desafío del comunismo. No obstante, las iglesias cristianas y las pentecostales han sido "más que vencedores" (Ro 8:37). En estos últimos años ha surgido un despertar y crecimiento del evangelio en la isla.

Entre los pioneros pentecostales en Cuba se encuentran: Roberto Reyes, Lázaro Domínguez, Octavio Espinosa, Lawrence Perrault, Eolayo Caballero, Hoye and Mildred Case y Luis Ortiz, entre otros.[69]

Entre las denominaciones pentecostales y carismáticas más prominentes en Puerto Rico, República Dominicana y Cuba se encuentran las siguientes.[70]

Puerto Rico -	Iglesia de Dios Pentecostal, M.I.
	Asambleas de Dios
	Iglesia de Dios (Cleveland)
	Iglesia Defensores de la Fe
	Iglesia Pentecostal de Jesucristo
República Dominicana -	Asambleas de Dios
	Iglesia de Dios (Cleveland)
	Iglesia de Dios de la Profecía
	Defensores de la Fe
	Asamblea Cristiana Unida
	Asamblea de Iglesias Cristianas
	Iglesia del Príncipe de Paz
	Iglesia de Dios Pentecostal, M.I.
Cuba -	Asambleas de Dios
	Iglesia Santa Pentecostés
	Iglesia Evangélica Pentecostal de Cuba
	Iglesia Cristiana Pentecostal de Cuba
	Iglesias Radiofónicas Solitarias
	Iglesia de Dios
	Iglesia Apostólica de Jesucristo
	Iglesia de Dios Pentecostal, M.I.
	Iglesia Congregacional Pentecostal
	Iglesia del Evangelio Cuadrangular

Con respecto a la conflagración global y en particular a Latinoamérica, se debe recordar y subrayar las palabras de Allan Anderson:

A pesar del trabajo valeroso indiscutible de los misioneros pentecostales... del Oeste, la contribución igualmente importante de evangelistas y pastores... latinoamericanos y caribeños... debe ser debidamente reconocida... la extensión rápida del pentecostalismo en el siglo veinte no era solo debido al labor de misioneros de Norteamérica y Europa Occidental a... Latinoamérica, pero era sobre todo el resultado de la contextualización espontánea del mensaje pentecostés por miles de predicadores locales que cruzaron (el continente) con un nuevo mensaje del poder del Espíritu, sanando a los enfermos y echando afuera demonios.[71]

NOTAS

[1]Murray W. Dempster et al., *The Globalization of Pentecostalism: A Religion Made to Travel* (Oxford: Regnum Books International, 1999).

[2]André Corten and Ruth Marshall-Frantani, eds., *Between Babel and Pentecost: Transnational Pentecostalism in Africa and Latin America* (Bloomington: Indiana University Press, 2001), back cover.

[3]Karla Poewe, *Charismatic Christianity as a Global Culture* (Columbia, South Carolina: University of South Carolina, 1994).

[4]Citado en Grant McClung, "Pentecostals: The Sequel", *Christianity Today*, April 2006, p. 32.

[5]Allan Anderson, "To All Points of the Compass: The Azusa Street Revival and Global Pentecostalism", *Enrichment*, Spring 2006, p. 165.

[6]Ibid.

[7]Vinson Synan, *El Siglo del Espíritu Santo*, p. 56.

[8]Barnabas Harper, *History Makers: Evan Roberts* (Pensacola, Florida: Christian Life Books, 2004), p. 17.

[9]Ibid., p. 16.

[10]Citado en Ken Horn, "Evan Roberts and the Welsh Revival: 'Bend the Church, Save the World'", *Evangel*, Nov. 15, 2009, p. 13.

[11]Pandita Ramabai, *The Pandita Ramabai Story: in her own words* (Clinton, N.J.: The American Council of the Ramabai Mukti Mission, 1907), pp. 16-17; para más sobre Ramabai véase: Helen S. Dyer, *Pandita Ramabai the Story of Her Life* (London: Morgan and Scott, 1900, supplemental chapter, 1906, (reprinted by Kessinger Publishing, 2004); Basil Miller, *Pandita Ramabai: Indian's Christian Pilgrim* (Grand Rapids, MI, Zondervan Publishing House, 1949); Meera Kosambi (ed. and trans.), *Pandita Ramabai through her Own Words: Selected Works* (New Delhi: Oxford University Press, 2000); y Edith Blumhofer, "Consuming fire: Pandita Ramabai and the Global Pentecostal Impulse" en Ogbu U. Kalu, ed. and Alaine Law, asoc. ed., *Interpreting Contemporary Christianity: Global Process and Local Identities* (Grand Rapids, MI: W.B. Eerdmans, 2008), pp. 207-237.

[12]Allan Anderson, *Spreading Fires: The Missionary Nature of Early Pentecostalism* (Maryknoll, New York: Orbis Books, 2007), p. 88.

[13]Allen Anderson, "To All Points of the Compass: The Azusa Street Revival and Global Pentecostalism", p. 165; Anderson en *Spreading Fires*, nota que algunas

biografías sobre Ramabai no mencionan el avivamiento –según el, por "razones ideológicas", p. 79.

[14]Allan Anderson, *Spreading Fires*, p. 78.

[15]Ibid., pp. 88-89; véase también, Anderson, "To All Points of the Compass", pp. 165-166.

[16]Allan Anderson, Spreading Fires, p. 88.

[17]Ibid., p. 88.

[18]Ibid., p. 89.

[19]Allan Anderson, "The Origins of Pentecostalism and its Global Spread in the Early Twentieth Century", lecture delivered at Oxford Centre for Missions, October 5, 2004, p. 10; D. William Faupel, *The Everlasting Gospel: The Significance of Eschatology in the Development of Pentecostal Thought* (Sheffield, England: Sheffield Academic Press 1996).

[20]Vinson Synon, *An Eyewitness Remembers the Century of the Holy Spirit* (Grand Rapids, MI; Chosen Books, 2010), p. 23; Vinson Synon, *El Siglo del Espíritu Santo*, pp. 17-19.

[21]Allan Anderson, "The Origins of Pentecostalism and its Global Spread in the Early Twentieth Century", pp. 5-6.

[22]Citas sobre: "Barratt", "Boody", "Jeffreys", "Roberts", "Scott", y "Lombardi", véase *The New International Dictionary of Pentecostal and Charismatic Movements*, revised and expanded edition, editado por Stanley M. Burgess, y Edward M. Van Der Maas, editor asociado (Grand Rapids, MI: Zondervan, 2002); Esta obra será citada más adelante por su abreviatura literaria, NIDPCM; también véase, Allan Anderson, "To All Points of the Compass", pp. 168-169; Allan Anderson, "Pentecostalism in Europe" in *An Introduction to Pentecostalism*, pp. 83-102.

[23]D.D. Bundy, "Pethrus, Petrus Lewi", NIDPCM, pp. 986-987.

[24]Véase sobre todo a la obra de Ogbu Kalu, *African Pentecostalism: An Introduction* (Oxford/New York: Oxford University Press, 2008).

[25]Vinson Synan, *El Siglo del Espíritu Santo*, pp. 18-19; Allan Anderson, An Introduction to Pentecostalism, pp. 107-108.

[26]H. V. Synan, "Bonnke, Reinhard Willi Gottfried", NIDPCM, pp. 438-439.

[27]Allan Anderson, *An Introduction to Pentecostalism*, p. 137.

[28]Karen Hurston, "Pentecost in South Korea", en *Pentecostal Evangel*, May 31, 1998, pp. 28-29.

[29]Ibid., p. 29.

[30]Ibid., p. 29; para más sobre David (Paul) Yonggi Cho, véase entre otros, D. J. Wilson, "Cho, David (Paul) Yonggi", NIDPCM, pp. 521-522; y Karen Hurston, *Crecimiento de la Iglesia más Grande del Mundo* (Florida: La Vida, 1996).

[31]Amos Yong, "Charismatic and Pentecostal Movement in Asia" en *The Cambridge Dictionary of Christianity*, editado por Daniel Patte (New York: Cambridge University Press, 2010), p. 190.

[32]Allan Anderson, *An Introduction to Pentecostalism*, p. 64.

[33]Willis Hoover, *Historia de avivamiento pentecostal en Chile* (1931), (Valparaiso: Imprenta Excelsior, 1948) pp. 40-41. Para relatos históricos adicionales y memorias personales del nieto, Mario G. Hoover, véase su traducción a inglés del libro: *Willis Collins Hoover, History of the Pentecostal Revival in Chile* (Santiago, Chile: Imprenta Eben-Ezer, 2000).

[34]Vinson Synan, *El Siglo del Espíritu Santo*, p. 369.

[35]D.D. Bundy, "Hoover, Willis Collins", *NIDPCM*, p. 770.

[36]Vinson Synan, *El Siglo del Espíritu Santo*, p. 139.

[37]Ibid., p. 371.

[38]David B, Barrett, et al., *World Christian Encyclopedia: A Comparative Survey of Churches and Religions in the Modern World* (Oxford: Oxford University Press, 2001), 1, p. 186 y citado en Ondina E. González y Justo L. González, *Christianity in Latin America: A History*, p. 280; fuente de listas de iglesias, "World Christian Database", *Center for the Study of Global Christianity*, Gordon-Conwell Theological Seminary, BRILL, 2010.

[39]D.D. Bundy, "Argentina", *NIDPCM*, pp. 23-25; Allan Anderson, *An Introduction to Pentecostalism*, pp. 68-69.

[40]D.D. Bundy, "Argentina", *NIDPCM*, pp. 24.

[41]Vinson Synan, *El Siglo del Espíritu Santo*, p. 26.

[42]Ibid., p. 379.

[43]Ibid., pp. 379-383; fuente de lista de Iglesias, "World Christian Database", BRILL, 2010.

[44]Véase, E. A. Wilson, "Brazil", *NIDPCM*, pp. 35-42; Allan Anderson, *An Introduction to Pentecostalism*, pp. 69-74; William K. Kay, *Pentecostalism: A Very Short Introduction* (New York: Oxford University Press, 2011), pp. 51-52; Ondina E. Gonzalez y Justo L. González, *Christianity in Latin America*, pp. 280-283; Vinson Synan, El Siglo del Espíritu Santo, pp. 371-374.

[45]Everett A. Wilson, "Pentecost in Brazil", *Pentecostal Evangel*, May 31, 1993, p. 18.

[46]Allan Anderson, *An Introduction to Pentecostalism*, pp. 72-74.

[47]Ondina E. González y Justo L. González, *Christianity in Latin America*, p. 283; fuente de listas de Iglesias, "World Christian Database", BRILL, 2010.

[48]Véase, D.D. Bundy, "Venezuela", NIDPCM, pp. 279-281.

[49]Ibid., p. 280.

[50]Véase, Carmelo Álvarez, *Sharing in God's Mission: The Evangelical Pentecostal Union of Venezuela and the Christian Church (Disciples of Christ) in the United States, 1960-1980* (Tesis doctoral, Free University Amsterdam, 2006), pp. 108-129.

[51]Allan Anderson, *An Introduction to Pentecostalism*, p. 75.

[52]D.D. Bundy, "Columbia", *NIDPCM*, p. 65-66.

[53]Allan Anderson, *An Introduction to Pentecostalism*, p. 74.

[54]D.D. Bundy, "Columbia", *NIDPCM*, p. 66; fuente de listas de iglesias "World Christian Database", BRILL, 2010.

[55]D.D. Bundy, "Perú", *NIDPCM*, pp. 198-200; fuente de listas de Iglesias "World Chrisian Database", BRILL, 2010.

[56]Fuente de listas de iglesias, "World Christian Database", BRILL, 2010.

[57]Ondina E. González y Justo L. González, *Christianity in Latin America*, p. 283.

[58]Véase, Felipe Agredo, "The Apostolic Assembly at the Crossroads: The Politics of Gender", en *Affirming Diversity, Society for Pentecostal Studies*, 1994, p. 6.

[59]Véase, D.D. Bundy, "Mexico" NIDPCM, pp 175-178; Luisa Jeter de Walker, *Siembra y Cosecha: Las Asambleas de Dios de Mexico y Centroamerica*, Tomo 1 (Florida: Editorial Vida, 1990), pp. 16-21; Allan Anderson, *An Introduction to Pentecostalism*, pp. 77-79; Vinson Synan, El Siglo del Espíritu Santo, pp. 374-375.

[60]Fuente de listas de iglesias, "World Christian Database", BRILL, 2010.

[61]E.A. Wilson, "Latin America", NIDPCM, pp. 162-163.

[62]Luisa Jeter de Walker, *Siempra y Cosecha*, pp. 119-121.

[63]Fuentes de listas de iglesias, "World Christian Database", 2010.

[64]Allan Anderson, *Spreading Fires*, p. 195.

[65]Fuentes de listas de iglesias, "World Christian Database", BRILL, 2010.

[66]Ibid.

[67]Roberto Dominguez, *Pioneros de pentecostés*, p. 186.

[68]D.D. Bundy, "Dominican Republic", NIDPCM, pp. 81-83.

[69]D.D. Bundy "Cuba", NIDPCM, pp. 77-79; Allan Anderson, *Spreading Fires*, p. 196; Roberto Domínguez, *Pioneros de pentecostés*, pp. 183-187.

[70]Fuentes de listas de iglesias, "World Christian Database", BRILL, 2010 y D.D. Bundy, "Cuba", NIDPCM, p. 79.

[71]Allan Anderson, "The Origins of Pentecostalism and its Global Spread in the Early Twentieth Century", pp. 5-6.

PARTE II
Espiritualidad y teología

Capítulo 4
La naturaleza distintiva del fuego pentecostal latino: Espiritualidad

La espiritualidad se refiere al conjunto de actos y sentimientos que son informados por las creencias y valores que caracterizan una comunidad religiosa específica.

Russell P. Spittler[1]

En un sentido amplio, se puede describir la espiritualidad como una forma de santidad; pero más técnicamente, la espiritualidad es la posesión del hombre por parte de Dios, en Cristo y a través del Espíritu Santo. Hay, entonces, sólo una espiritualidad, porque hay un sólo Cristo; pero, al concretar los lazos de unión con Dios, aparecen diversos modos de aproximación. Por consiguiente, llamamos espiritualidad a un particular estilo de acercamiento a la unión con Dios... Ahora bien, esta distinción entre la unión fundamental del hombre con Dios y los diferentes estilos de aproximación a ella presenta ramificaciones muy importantes. En cualquier tiempo y lugar de la historia, la sociedad desafía a hombres y mujeres de diversas maneras y, por lo tanto, los reta a responder a Dios también de diferentes maneras.

George A. Lane[2]

La espiritualidad del pentecostalismo "criollo": Microcosmo de la proliferación del pentecostalismo global

A continuación proveemos un perfil de la espiritualidad del pentecostalismo, resaltando ciertas características sobresalientes, buscando las razones de su crecimiento y proveyendo un paradigma múltiple de su proliferación. Se trata de un intento audaz para llegar a lo universal del pentecostalismo global a través de lo particular. Siendo el particular el pentecostalismo "criollo" (autóctono o nativo) latino.

Juan Sepúlveda provee una definición sucinta de pentecostalismo criollo, "como una forma de religiosidad popular, es decir, como una experiencia religiosa fuertemente arraigada en la cultura e identidad popular".[3] Carmelo Álvarez añade que es "económicamente y estructuralmente independiente de cualquier misión extranjera, con un ministerio pastoral autónomo (nativo)".[4]

Utilizo tres categorías para presentar los elementos de este perfil y el paradigma del pentecostalismo criollo. En mi estudio del pentecostalismo, estos representan elementos claves que describen tanto la espiritualidad del pentecostalismo criollo como la razón de su proliferación. Estos elementos cruzan líneas psicológicas, socio-políticas, culturales, religiosas y teológicas. Además, representan mi creencia de que las múltiples y acumulativas causas socio-espirituales son las que mejor definen o explican el crecimiento pentecostal.

Los tres elementos o tres "P" son: **Presencia**, Clase **Popular**, Espiritualidad **Primitiva**.

Presencia: Pentecostalismo como un fenómeno urbano

Hace varios años, durante un viaje a Brasil me impresionaron, una y otra vez, dos escenas comunes en las *favelas* (barrios marginales) de Río de Janeiro. Una fue la presencia de muchos niños volando cometas, y la otra, las muchas iglesias de la *Assembléia de Deus*. Para mí, ambos hablaban en voz alta de esperanza a pesar de un contexto urbano definido por la marginalización y la pobreza. Esto también me habló acerca de la importancia del rol que el pentecostalismo ha desempeñado y está desempeñando en muchos de los centros urbanos de las Américas, particularmente en sus "barrios", "favelas" o "guetos". El pentecostalismo es principalmente un fenómeno urbano. Nació entre trabajadores urbanos pobres.

En el mundo latino, desde el trabajo pionero de Willis C. Hoover en Valparaíso y Santiago, Chile (1909) o Luigi Francescon en Argentina (1909) y en São Paulo, Brasil (1910) hasta Francisco Olazábal en Texas (1923), Juan Lugo en Puerto Rico (1916) y ambos en la ciudad de New York en los años 1920 y 1930, el lugar principal del pentecostalismo ha sido en los centros urbanos de las Américas.

El crecimiento del pentecostalismo ha sido paralelo al fenómeno de urbanización a lo largo de las Américas. Su crecimiento refleja el crecimiento de muchas de sus ciudades. Los datos de la investigación de Mark Searing ilustran el siguiente retrato (aunque con datos no muy al día, no obstante, válido en su trayectoria).

> Entre 1950 y 1990, la población urbana (en Latinoamérica) aumentó de 59 millones a 306 millones... durante el mismo periodo 1950-1985 su comunidad urbana se movió del 40 por ciento al 67.4 por ciento, y el porcentaje de aquellos viviendo en ciudades de un millón de personas o más, escaló de un 23 a un 31 por ciento... el crecimiento mayor ha sido en las mismas ciudades grandes... (aunque) el cuarenta-y-nueve por ciento de la población de Latinoamérica vive en ciudades de más de 100.000.[5]

Brasil es un ejemplo fascinante de crecimiento urbano pentecostal. R. Andrew Chestnut, en su excelente obra *Born Again in Brazil: The Pentecostal Boom and the Pathogens of Poverty*, (Nacido de nuevo en Brasil: El auge pentecostal y el patógeno de la pobreza), nota que entre protestantes, "en la segunda ciudad más grande de Brasil, Río de Janeiro, creyentes, cuya gran mayoría (91 por ciento) son pentecostales, han fundado un promedio de una iglesia por día laboral desde el inicio de la década".[6]

Es interesante notar aquí, que los más de 30 millones de pentecostales en Brasil representan el 80 por ciento de todos los pentecostales en Latinoamérica. Brasil tiene la población católica más grande del mundo (150 millones), mientras que al mismo tiempo cuenta con el número más grande de pentecostales en el mundo.[7] Latinoamérica cuenta con un 35 por ciento de todos los pentecostales en el mundo.[8]

Actualmente el pentecostalismo criollo constituye el segmento de crecimiento más acelerado del pentecostalismo, esto debido en gran medida al hecho de que ellos son el movimiento más abierto a las experiencias contextuales, culturales y religiosas de sus localidades urbanas.

Mientras que todo el crecimiento pentecostal no está limitado a sus ciudades, la metrópolis urbana es el centro primario de la vitalidad pentecostal en las Américas.

Clases populares: El pentecostalismo como sanador de los patógenos de la pobreza

Desde sus inicios el pentecostalismo ha sido el "refugio de las masas".[9] Ha prosperado en medio de sociedades "desheredadas".[10]

Diferentes paradigmas han sido ofrecidos para explicar esta atracción de las masas al pentecostalismo. Entre las primeras obras académicas uno encuentra el estudio de Renato Pobleto y Thoms F. O'Dea, "Anomie and the 'Quest for Community': The Formation of sects Among the Puerto Ricans of New York", ("La Anomia y la 'búsqueda de comunidad': la formación de sectas entre los puertorriqueños de New York") publicada en 1960.[11] Éste fue un influyente estudio del crecimiento pentecostal puertorriqueño en el "barrio", enfocado en la teoría de la anomia de Emile Durkheim. El estudio de Pobleto y O'Dea precedió los trabajos más conocidos y desarrollados en la teoría de la anomia y pentecostalismo de Emilio Willems (1967), *Followers of the New Faith* (Seguidores de la nueva fe),[12] y Christian Lalive D'Epinay (1969), *Haven of the Masses* (Refugio de las masas).

La tesis de la anomia postula que el crecimiento pentecostal es el resultado de la reubicación de migrantes pobres a la ciudad, por las fuerzas de la industrialización, urbanización y desarrollo capitalista. Y que la comunidad pentecostal provee una solución exhaustiva a este estado de anomia (falta de normas o disonancia de valores) en la sociedad moderna.

Recientemente, David Stoll[13] y David Martin[14] han agregado otros elementos a la tesis de la anomia: opresión política, identidad religiosa personal, la revisión de conciencia y la creación de un espacio social libre, como factores críticos propulsores del crecimiento pentecostal en Latinoamérica.

Yo creo que mientras todas las tesis citadas anteriormente son penetrantes, y aún necesarias para el entendimiento del pentecostalismo criollo, éstas, sin embargo, no son suficientes. Reitero mi declaración anterior de que un mejor entendimiento del pentecostalismo ha de ser descubierto en causas múltiples y acumulativas. En este sentido encuentro prometedora la tesis de R. Andrew Chestnut sobre el crecimiento pentecostal entre los pobres y el poder transformativo de la conversión, "de nacer de nuevo".

Chestnut señala, "que la dialéctica entre enfermedades relacionadas a la pobreza y sanidad por fe provee la clave para un entendimiento del atractivo del pentecostalismo en Brasil y gran parte de Latinoamérica".[15] Él sabiamente amplía su concepto de enfermedad para incluir no solo enfermedades somáticas, pero también expresiones sociales y espirituales de angustia. Así, pues, él clasifica las enfermedades en estas categorías: física, social y sobrenatural.

Chestnut reconoce que los pentecostales ubican la conversión al centro de su historia personal. Por lo tanto, su estudio es en sí un profundo análisis de la experiencia de conversión y un serio aporte al "paradigma conversionista". Aquí se puede notar la coherencia de Chestnut con las contribuciones de Juan Sepúlveda y otros al paradigma conversionista. Tal paradigma subraya el impacto radical de la conversión personal a Jesucristo como Salvador y Señor – un impacto transformador de vida y conducta, de visión y cosmovisión, de moralidad y espiritualidad. Por eso, la conversión es un índice y elemento clave de cualquier entendimiento del crecimiento del pentecostalismo.

El tiempo y espacio no permiten elaborar o criticar el trabajo etnográfico de Chestnut, pero quiero señalar algunas de sus conclusiones más importantes:

- El pentecostalismo crece entre los pobres porque ofrece sanidad a aquellos que viven la crisis de pobreza de salud (física, social y sobrenatural).
- La búsqueda de sanidad es central al proceso de conversión.
- La salud es mantenida a través de la fuerza espiritual e ideológica (teológica) de su nueva fe.

Permítame citar a Chestnut aquí sobre la espiritualidad del pentecostalismo criollo.

> Con el instrumento del éxtasis espiritual, ayuda mutua, dualismo ideológico, y ascetismo moral a su disposición, los pentecostales se inoculan a sí mismos contra muchas de las enfermedades de la pobreza... El éxtasis espiritual, experimentado a través de los dones del Espíritu, el bautismo en el Espíritu Santo, y la música, permiten a los creyentes trascender la privación material de sus vidas cotidianas. Llenos con el poder del Espíritu, los creyentes exorcizan los demonios de la pobreza.[16]

Las declaraciones de Chestnut sobre la conversión y las estrategias del "mantenimiento de la salud" provistas por los pentecostales, es coherente con el entendimiento interpretativo de que mientras las condiciones de privación y desorganización pueden ser casuales o "facilitadores de condiciones" en el génesis de un movimiento, su desarrollo y crecimiento deben ser buscados en las dinámicas del movimiento mismo.[17]

Ahora pasamos a la noción de Harvey Cox sobre la espiritualidad primitiva la cual creo que nos mueve aún más en esa dirección y nos provee el marco para situar otros elementos de la espiritualidad del pentecostalismo criollo.

Espiritualidad primitiva: El pentecostalismo como espiritualidad primitiva

La tesis de Harvey Cox es que el corazón del pentecostalismo, y la clave de su crecimiento, se encuentra en lo que él llama "espiritualidad primitiva". Para él la espiritualidad primitiva responde al profundo vacío espiritual de nuestros tiempos, y lo hace tras ir más allá de los niveles de credo y ceremonias a tocar el núcleo de la religiosidad humana.[18]

Él define espiritualidad primitiva como "ese gran núcleo sin procesar de la psique en el cual la incesante lucha por un sentido de propósito y significado sigue... es *imago dei*, la imagen de Dios en cada persona".[19]

Cox postula que el pentecostalismo permite una recuperación, a nivel personal y comunal, de tres dimensiones de esta espiritualidad elemental. Estas tres dimensiones, que tocan el corazón de lo que es ser *homo religiosus*, son: lenguaje primitivo, la piedad primitiva y la esperanza primitiva.

Antes de notar las aseveraciones de Cox sobre la espiritualidad pentecostal, es importante aquí subrayar el papel singular de la influencia de las tradiciones africanas y de la cultura religiosa afroamericana. Según Walter J. Hollenweger, y la reciente e importante contribución de Samuel Cruz, el pentecostalismo y su crecimiento global no se puede comprender aparte de sus "raíces negras". Esto es aún más pertinente al pentecostalismo criollo en los Estados Unidos entre los afroamericanos y latinos, los brasileños, los caribeños, y por supuesto, los africanos.

Hollenweger describe estas "raíces" de la espiritualidad pentecostal en las siguientes maneras: "oralidad de liturgia; narratividad de teología y testimonio; la máxima participación al nivel de reflexión, oración y toma de decisiones y por lo tanto una forma de comunidad que es reconciliatoria; inclusión de sueños y visiones en formas personales y públicas de adoración; ellos funcionan como una especie de icono para el individuo y la comunidad; un entendimiento de la relación de cuerpo/mente que es informada por experiencias de la correspondencia entre cuerpo y mente; la aplicación más llamativa de esta perspicacia es el ministerio de sanidad por oración y danza litúrgica".[20]

Es bueno recordar lo que nos dice Samuel Cruz en su libro, *Masked Africanisms: Puerto Rican Pentecostalism* (Africanismos enmascarados: Pentecostalismo puertorriqueño). "Yo sostendría que, a pesar de la realidad que muchos factores diferentes –religioso, económico, cultural, y político– tenían su impacto sobre el pentecostalismo, el impacto afroamericano y sus tradiciones africanas fue fundamental en el desarrollo y éxito del movimiento".[21]

Lenguaje primitivo

Para Cox, el lenguaje primitivo subraya la *glossolalia*, o "expresión estática", o la oración en el Espíritu que habla *desde* y *hacia* el idioma del corazón. Cox, refiriéndose a los escritos de su maestro Paul Tillich, define este éxtasis como "no un estado irracional", sino más bien "como una forma de conocimiento que trasciende la consciencia cotidiana, una en la que 'lo profundo le habla a lo profundo'".[22]

Es importante señalar que al expresar un idioma extranjero ("vivo" o "muerto") se le da el nombre más técnico de *xenolalia* (por ejemplo, Hch 2:5-8). Aunque en la mayoría de los casos la glossolalia puede representar lenguas humanas (en el sentido de "lo profundo le habla a lo profundo", por ejemplo, Ro 8:26-27, donde el intercesor es el Espíritu de Dios en el creyente) o puede ser lenguas angélicas (1 Co 13:1). Cualquiera sea el caso, el Espíritu Santo es la fuente de una autentica expresión de glosolalia, aun cuando el instrumento o vaso es el ser humano "frágil" y "débil". El mismo Espíritu provee a su iglesia dones para interpretar y discernir su fuente (sea humana, demoníaca o divina) y su validez (véase 1 Co 12–14; 1 Jn 4).

En mi propio estudio de este lenguaje primitivo a menudo le llamo "Salsa del Espíritu", para subrayar su ritmo o función liberadora.[23] Estoy de acuerdo con Frank Macchia en que "glosolalia es una protesta oculta en contra de cualquier intento de definir, manipular u oprimir a la humanidad. Glosolalia es una inclasificable, libre expresión en respuesta a un inclasificable, libre Dios, que es de acuerdo a Kasemann, 'un grito por la libertad'".[24] Además, yo veo las lenguas (glosolalia) teológicamente como un suspiro y una señal de liberación, testificando en los "barrios" latinos el clamor por liberación y justicia. Como tal, yo sugiero siete formas en que las lenguas son señales de liberación en los barrios del Bronx y la América Latina afectados por la pobreza y el pecado.

Las lenguas son:

- Señales de confirmación que **Dios está presente** con el pobre y oprimido.
- Señales del **valor divino** de una persona – sin importar quién él o ella sea.
- Señales de **afirmación divina** de mujeres, niños, jóvenes y ancianos. Así como Hechos 2:17 nos recuerda, "...derramaré mi espíritu sobre toda carne. Y vuestros hijos y vuestras hijas profetizaran; Vuestros jóvenes verán visiones, Y vuestros ancianos soñarán sueños".
- Señales de **la voz de los que no tienen voz** en la sociedad.
- Señales de **igualdad/igualitarismo** que debe existir entre el pueblo de Dios. Debido a la nivelación de la experiencia glosolalia, todos pueden recibir una "palabra" de parte de Dios; "llamado", "ministerio", "liderazgo" así como "teología" no es propiedad de una elite.
- Señales de roles **proféticos y sacerdotales** del pueblo de Dios.
- Señales de **esperanza escatológica**.[25]

Como dice el erudito del pentecostalismo, Walter Hollenweger, "las lenguas son la catedral del pobre".

Piedad primitiva

Por piedad primitiva Cox denota las expresiones arquetípicas religiosas de su espiritualidad que han emergido en el pentecostalismo, tales como sanidad, sueños, visiones, trances y danza. Éstas son vistas como modos primitivos de alabanza y suplicación manifestadas en los servicios de adoración pentecostal.

Esta piedad primitiva es sorprendentemente expresada en el culto (servicio de adoración) del pentecostalismo criollo, que es una fiesta (celebración) altamente participativa. Como Orlando Costas señala: "el culto pentecostal es espontáneo, creativo e intensamente participativo".[26]

En el culto pentecostal se utilizan instrumentos musicales nativos, "coritos" autóctonos, y el tiempo es sujeto al "evento" del culto y no necesariamente a una estructura fijada o limitada. Es una espiritualidad cuya declaración de credo no se encuentra escrita y leída en el culto, sino que se da verbalmente en "testimonios" (dados en estructuras repetitivas) y en el sermón. Ambas son, en esencia, auténticos credos de confesiones teológicas de fe.

A las indicaciones arquetípicas de expresiones religiosas de Cox uno necesita añadir las que Steven Land llama las actividades psicomotoras manifestadas en el culto pentecostal. Éstas reflejan una correspondencia entre espíritu y cuerpo presentadas como: (1) **levantamiento de manos** en adoración, aplaudiendo a la gloria de Dios y extendiendo la mano derecha del compañerismo o uniendo las manos para orar; (2) **danzar en el Espíritu** o mecerse en el "viento" del Espíritu –una forma de danza litúrgica; (3) **caer por el Espíritu**, esto es recostarse sobre la espalda, sobrecogido por la santa presencia de Dios, llamado eufemísticamente por los carismáticos, "descansando en el Espíritu"; (4) espontánea **marcha Jericó**, marchar alrededor –usualmente adentro– de la iglesia, simbolizando la caída de los muros de opresión o resistencia; y (5) **sanidad divina**, a través de la imposición de manos, y la unción con aceite.[27]

Y por supuesto, uno necesita agregar lo que Russell Spittler llama exclamaciones sagradas, exclamaciones de gozo tales como "Gloria a Dios", "Cristo Vive", "Aleluya", "Amén", etcétera.

La espiritualidad pentecostal no sólo toca profundamente la piedad primitiva de la persona, pero además por su misma naturaleza –su énfasis en las afecciones, lo que Steven Land llama *orthopathy* (afecto correcto), "testimonios", y elementos que transcienden la razón (suprarracionales) –atrae poderosamente a la mentalidad postmoderna. Unas palabras del gran teólogo Yves Congar son muy apropiadas aquí.

> Combatiremos, pues, un espiritualismo que abogue en su programa por una irracionalidad que sustraiga y desprecie lo racional, pero defenderemos un espiritualismo que trascienda lo racional porque existe una profundidad y una serie de aperturas a las que la razón no puede llegar por sí sola".[28]

Esperanza primitiva

La esperanza primitiva apunta al futuro. Es la esperanza escatológica del pentecostalismo. Un punto de vista milenario que "insiste que una nueva era radical esta a punto de empezar".[28]

Es además una esperanza que informa la búsqueda de un mundo liberado de racismo, sexismo, violencia, pobreza y opresión. Uno, sin embargo, que en la lógica cultural pentecostal con frecuencia es resuelta, algunos dirían es disipada, en el culto exuberante, y su catarsis emocional. Aunque hay signos de un número significativo de líderes y pensadores que ven la esperanza escatológica como una crítica poderosa de todo absolutismo y estructuras socio-políticas deshumanizantes.

Es importante señalar, además, que esta esperanza primitiva imbuye cada culto con la expectativa de que la presencia del Espíritu se manifieste de una manera real y poderosa.

Como Richard Shaull tan elocuentemente lo expresa:

> Personas para quienes el mundo ha sido una prisión, muchos de los cuales están viviendo, en cierto sentido, en su propio "corredor de la muerte", enfrentando depravación total y abandono, entran a través del Espíritu a otro nivel. Se encuentran a sí mismos en otro mundo, un mundo abierto, en el que las puertas de esta prisión han sido abiertas. Es un mundo en el que los enfermos son sanados, familias destrozadas son restauradas, vidas destruidas son reconstruidas otra vez, y donde la situación económica desesperada siempre cambia… indicios concretos de que el reino de Dios está irrumpiendo en el presente.[30]

Esto concuerda con el entendimiento que los pentecostales no solo viven para el futuro –su escatología milenaria– sino que también viven una escatología "inminente o realizada". En palabras de Douglas Petersen, los "pentecostales son excepcionalmente optimistas sobre ambas su existencia presente y futura. Su convicción teológica que el Dios que realizó obras poderosas en el Nuevo Testamento sigue actuando en maneras milagrosas por el poder del Espíritu Santo provee a la mayoría de los creyentes pentecostales un sentido de esperanza para el presente".[31]

La espiritualidad del pentecostalismo y el paradigma múltiple de la proliferación del pentecostalismo criollo nos provee no sólo razones por el crecimiento del pentecostalismo, sino también nos ilumina la razón por la "pentecostalización" del cristianismo en nuestros pueblos –a no decir, todo el mundo. Aparte de las muchas denominaciones pentecostales y carismáticas, las creencias y prácticas pentecostales han influenciado poderosamente a las iglesias protestantes "históricas", evangélicas y a la Iglesia Católica Romana. El movimiento de renovación que el pentecostalismo representa y encabeza ha revolucionado la vida y misión de la iglesia de nuestro Señor Jesucristo.

Como observan los demógrafos cristianos D.B. Barrett y Todd M. Johnson:

> Los participantes en la renovación se encuentran en 740 denominaciones pentecostales; 6.530 no-pentecostales, denominaciones tradicionales con movimientos carismáticos internos organizados grandes; y 18.810 independientes, denominaciones y redes neo-carismáticos. Los carismáticos se encuentran ahora a través del espectro entero del cristianismo, dentro de todas las 150 confesiones eclesiásticas no-pentecostal tradicional, familias, y tradiciones. Pentecostales/Carismáticos… se encuentran… hablando 8.000 idiomas, y cubriendo el 95% de la población total del mundo.[32]

La función socio-espiritual de la iglesia pentecostal latina

> Porque tuve hambre, y me disteis de comer; tuve sed, y me disteis de beber; fui forastero, y me recogisteis; estuve desnudo y me cubristeis; enfermo, y me visitasteis; en la cárcel, y vinisteis a mí.

> Entonces los justos le responderán diciendo: Señor, ¿Cuándo te vimos hambriento, y te sustentamos, o sediento, y te dimos de beber? ¿Y cuándo te vimos forastero, y te recogimos, o desnudo, y te cubrimos? ¿O cuándo te vimos enfermos, o en la cárcel y vinimos a ti?

> Y respondiendo el Rey, les dirá: De cierto os digo que en cuanto lo hicisteis a uno de estos mis hermanos más pequeños, a mí lo hicisteis.
>
> Jesús, Mateo 25:35-40

La sociología de la religión ha subrayado las múltiples contribuciones y funciones que la iglesia suministra al individuo y a la sociedad. Para un mejor entendimiento de la espiritualidad pentecostal es importante señalar algunas funciones sociales de la iglesia.

Aquí enfocaré en la iglesia pentecostal latina urbana de los Estados Unidos como un tipo o modelo de la función socio-espiritual de la iglesia. Es un ejemplo particular, no obstante, que refleja la vivencia de miles de iglesias pentecostales del mundo. Y, además, es una demostración de una espiritualidad integral.

En sus expresiones más activas y socialmente significativas, la iglesia desempeña para los latinos, y como modelo para toda la sociedad, importantes funciones como: (1) supervivencia, (2) señal, (3) salvación, (4) *shalom*, (5) secretos del Reino, (6) semillero y (7) suministradora de servicio social. Las primeras cuatro funciones señaladas son mi aliteración y categorización de la presentación que hace Orlando Costas de las funciones sociales y las respuestas éticas de las iglesias minoritarias protestantes en la sociedad estadounidense, que aquí yo enfoco en las iglesias pentecostales latinas. Las últimas tres funciones son mi aporte para ampliar la contribución de Costas.

Supervivencia ("un lugar de supervivencia cultural")

Costas nos recuerda que "la iglesia minoritaria (en este caso latina) es un lugar de supervivencia cultural. Ayuda tanto a preservar como a reconstruir el sistema de valores, el lenguaje, la música, el arte, las costumbres, los símbolos y los mitos de sus respectivas comunidades".[34]

Para mí, son las iglesias pentecostales latinas las que han exteriorizado más fielmente su herencia lingüística y cultural en su "recuperación de los valores culturales que perdieron sus iglesias hermanas "históricas" en el proceso de asimilación cultural".[35]

Nadie puede visitar hoy una iglesia pentecostal latina sin quedar impresionado por la "fiesta", expresada por sus instrumentos nativos –guitarras, maracas y bongós– y así apreciar la profundidad del alma y cultura latina.

Señal ("una señal de protesta y de resistencia")

Para la iglesia dominante, la congregación latina constituye un "enclave extranjero", una posible "amenaza para la unidad de la iglesia universal" o una "estación misionera". Esta es una visión paternalista, en el mejor de los casos, destrozada por la persistente presencia de la iglesia latina, que no desaparece, sino que sigue en pie... "como un signo perturbador en la periferia de una sociedad injusta... una denuncia profética contra el racismo, la opresión política, la explotación económica y la marginación sociocultural, que ya son una parte constituyente del estilo de vida estadounidense".[36]

Costa subraya la naturaleza ambivalente de la interpretación y práctica del evangelio por parte de la iglesia dominante, comprometida por una legitimación de los intereses e instituciones de los poderes imperantes; pero, no obstante, obligada a reconocer la *conditio sine qua non* de la fidelidad al Evangelio, particularmente el compromiso con los pobres y los oprimidos. En estos términos, el testimonio profético de la iglesia latina es "una señal de protesta no solo contra una sociedad injusta, sino también contra el papel legitimador de la iglesia mayoritaria y su traición teológica y social al Evangelio".[37]

Salvación ("una comunidad liberada y liberadora")

Esparcidas por los numerosos barrios urbanos de Estados Unidos encontramos comunidades de esperanza y liberación. Ya sea detrás de una *storefront* (la fachada de una tienda) o en una sinagoga convertida, o quizás en el edificio "abandonado" de una iglesia tradicional, o una iglesia anglosajona "hermana", encontramos la proclamación del evangelio de Jesucristo y la reunión del pueblo de Dios trayendo fe, libertad, dignidad, autoestima, consuelo, fuerza, esperanza, gozo, en suma, vida abundante.

Una comunidad liberada vive el evangelio en su vida y en su misión liberadora. Aunque sea pobre de acuerdo a los parámetros del mundo, da testimonio de la riqueza de la fe, la esperanza y el amor (1 Co. 13:13), que solo puede ser una acusación contra la iglesia dominante.

Costas tiene razón al declarar:

> De hecho, el genio profético de la iglesia minoritaria es tal que ha aprendido a cantar "cánticos de Jehová en tierra de extraños" (Sal. 137:4). Ha sido capaz de transmitir a sus respectivas comunidades la visión de un mundo más fraternal, justo y pacífico, enseñándoles a tener esperanza cuando parece no haber esperanza. Su ética ha sido claramente una ética de liberación.[38]

Shalom ("un agente de reconciliación")

La palabra bíblica *shalom* (paz), rica en significado, habla de integridad, plenitud, bienestar, prosperidad, armonía, reconciliación, justicia y salvación. Es, al mismo tiempo, una expresión personal y comunal que está en el corazón del Evangelio (Lc 1:79; 2:14; Hch 10:36; Ef 4:3; Heb 12:14).

La iglesia pentecostal latina, como iglesia minoritaria, ha sido llamada especialmente a desempeñar tanto el papel de redentora como el de reconciliadora en medio de una sociedad más grande: a ser un agente de shalom: "Por ser una comunidad liberada, tiene un compromiso con la reconciliación. Por poseer una ética de liberación, puede desempeñar un papel más importante en el proceso de lograr una iglesia y una sociedad nacional nueva y reconciliada".[39]

La singularidad de la cultura mestiza latina, junto con su experiencia redentora de rechazo múltiple y libertad, hacen de la iglesia pentecostal latina un poderoso agente de reconciliación. La iglesia latina, como iglesia minoritaria, según Costas:

> ...sirve a la causa de la reconciliación social, y convalida de esta forma su reconciliación personal con Dios, mediante su trabajo en pro de estructuras que dificultan social y políticamente la opresión de los débiles, la explotación de la mayoría por parte de la minoría... la iglesia minoritaria manifiesta su amor hacia su contrapartida mayoritaria desafiándola al arrepentimiento y la restitución, e invitándola a unir fuerzas en la lucha por un nuevo orden moral.[40]

Secretos del Reino ("ventaja hermenéutica de los pobres")

Como la iglesia minoritaria, la iglesia pentecostal latina en los Estados Unidos, no obstante los logros de algunas, es la "iglesia de los pobres". El suyo es el "retrato de un pueblo en la periferia de la metrópolis estadounidense". En vista de esta realidad, las Escrituras nos enseñan –como ya ha sido aclarado por los aportes de la teología del tercer mundo, especialmente de América Latina– que Dios manifiesta una "opción preferencial por los pobres". Tanto en la Ley (Pentateuco) como en los Profetas y en los Evangelios, la justicia de Dios se manifiesta en la preferencia de Dios por aquellos a los que la sociedad ha descartado. En palabras de Jesús: "En aquel tiempo, Jesús dijo: 'Te alabo, Padre, Señor del cielo y de la tierra, porque has mostrado a los sencillos las cosas que escondiste de los sabios y entendidos. Sí, Padre, porque así lo has querido'" (Mt 11:25-26, VP). Más tarde, Pablo se refiere a esto con palabras claras:

> Sino que lo necio del mundo escogió Dios, para avergonzar a los sabios; y lo débil del mundo escogió Dios, para avergonzar a lo fuerte; y lo vil del mundo y lo menospreciado escogió Dios, y lo que no es, para deshacer lo que es (1 Co 1:27-28).

Estas "buenas nuevas a los pobres" que Jesús predicó, tomadas en serio, ubican al "no pobre" en una evidente desventaja cuando se trata de oír las buenas nuevas.

En el testimonio de las Escrituras se establece claramente que, mientras el evangelio es para todos, los ricos y poderosos (incluyendo los poderes religiosos establecidos), a causa de su avaricia ("idolatría", Ef 5:5, Col 3:5) o de su dependencia de ventajas financieras o religiosas, lo reciben como "malas noticias" (por ejemplo, Hch 16:19). Esta es una parte esencial del significado de la "ventaja hermenéutica de los pobres".

Nuestra interpretación de las Escrituras y de la fe está decididamente influenciada por nuestra posición frente a los pobres. En un sentido, la riqueza y el poder no nos permiten ver y participar en la acción liberadora de Dios en la historia. En otro sentido, la iglesia de los pobres se encuentra en una posición ventajosa para escuchar los secretos del Reino. Su dependencia, su confianza y su poder se basan en las misericordias de un Dios justo, que ama y se comunica. Justo González declara:

> Lo que todo esto implica es que, cuando entendemos el significado de los pobres para la correcta interpretación de las Escrituras y de la fe cristiana, debemos llegar a la conclusión de que una iglesia que no tiene a los pobres en su seno, una iglesia que no se identifica con los pobres, está en evidente desventaja.

Semillero de líderes comunitarios ("surgimiento de líderes capacitados")

En la comunidad minoritaria pobre, especialmente entre los afroamericanos, la iglesia ha sido literalmente un "semillero" de líderes. Por la historia de los afroamericanos sabemos que fue la iglesia la que proporcionó el contexto en el cual se desarrolló una imagen propia saludable, un orgullo e identidad auténtico, así como una solidaridad en torno a las cuestiones socio-políticas críticas que apremiaban la vida de las comunidades, y que a la larga nutrieron esa clase de liderazgo que ha servido a su gente.

En la comunidad latina se está desarrollando el mismo fenómeno en la iglesia, aunque en un grado menor, dadas las opciones de formación y participación en otras instituciones de la sociedad que tienen los latinos. Estas opciones no estuvieron históricamente a disposición de los afroamericanos. A pesar de la crisis en el liderazgo latino, resulta pertinente destacar el liderazgo naciente dentro de la comunidad latina, que se ha formado en medio de la iglesia evangélica y pentecostal latina. Los evangélicos y pentecostales latinos están comenzando a desempeñar funciones de liderazgo clave en las artes, la educación, los medios de comunicación, la política, el comercio, etc.

Pocas instituciones en la sociedad brindan a los latinos la posibilidad de desarrollar sus habilidades en la política y las relaciones publicas, como lo hace la iglesia minoritaria –en especial, la iglesia pentecostal latina.

Suministradora de servicio social ("sistemas de apoyo natural – reserva de fortaleza")

Sin duda alguna, la iglesia pentecostal desempeña un papel vital en la prestación de servicios sociales muy necesarios. Melvin Delgado y Denise-Humn Delgado mencionan cuatro sistemas de apoyo natural en las comunidades latinas, que reducen al mínimo el uso de recursos formales. Estos son: 1) la familia extendida; 2) los curanderos tradicionales; 3) las instituciones religiosas; y 4) los comercios y clubes sociales, que funcionan total o parcialmente para ayudar a las personas afligidas.[42]

Es digno de destacarse, al discutir el papel de las instituciones religiosas, que el pentecostalismo recibe la descripción más positiva.[43] La siguiente descripción, tomada del artículo de Vivian

Garrison, "Sectarianism and Psychological Adjustment: A Controlled Comparison of Puerto Rican Pentecostal and Catholic" (Sectarismo y ajuste psicológico: una comparación controlada entre pentecostales puertorriqueños y católicos), citada por los Delgados, es típica y convincente:

> Cada una de estas pequeñas iglesias tiene una sociedad misionera que responde a solicitudes de miembros y no miembros, visita hogares, y atiende a los enfermos y a gente con otros conflictos. Además de brindar asesoramiento pastoral, los ministerios y las sociedades misioneras proveen ayuda financiera de emergencia, van al aeropuerto al encuentro de recién llegados y los orientan acerca de cómo llegar a la ciudad, y les consiguen casa y empleo gracias a las redes pentecostales. Todas estas iglesias apoyan varios programas pentecostales para la rehabilitación de adictos a la droga, prostitutas y otros marginados sociales. La mayoría de los pentecostales se dirigen a sus ministros o a otro miembro de la iglesia ante cualquier problema que se les pueda presentar. Los servicios ofrecidos por la iglesia son sostenidos por los recursos internos del grupo y de las redes más amplias de afiliaciones pentecostales.[44]

La apreciación del matrimonio Delgado respecto de las instituciones religiosas, que señala y enfatiza las "religiones alternativas" entre los latinos, es corroborada por sus descubrimientos empíricos. De los veinte criterios de necesidades suplidas, las instituciones religiosas cubren dieciséis de ellas; solo la familia extendida registra una cifra mayor.[45]

Aquí se debe notar uno de los primeros estudios, por una erudita pentecostal latina, sobre el papel de la iglesia pentecostal latina en el suministro de servicios humanos. Me refiero a la investigación exhaustiva de la Profesora Elba Caraballo, "The Role of the Pentecostal Church as a Service Provider in the Puerto Rican Community of Boston, Massachusetts: A Case Study" ("La función de la iglesia pentecostal como proveedora de servicios en la comunidad puertorriqueña de Boston, Massachusetts: Un estudio de caso").[46] Sin lugar a dudas, la iglesia pentecostal latina brinda una red informal de servicios sociales que es de gran ayuda para la supervivencia y el éxito en un contexto que, de otra manera, sería demasiado hostil y opresivo.

Las funciones socio-espirituales de la iglesia pentecostal latina son expresiones concretas de una espiritualidad integral que responde a la compasión y amor de Dios y a las demandas del

Evangelio. (e.g. Dt 15:4-11, Sal 72:12-14, Pr 31:8-9, Is 58:5-12, Am 5:21-24, Mt 22:34-40, Mt 25:35-40, Gá 2:10, Stg. 2:17).

NOTAS

[1]Russell P. Spittler, "Spirituality, Pentecostal and Charismatic", *NIDPCM*, p. 1096.

[2]George A. Lane, S.J., *Christian Spirituality: An Historical Sketch* (Loyola University Press, Chicago 1984), pp. 2-3.

[3]Juan Sepúlveda, "Reflections on the Pentecostal Contribution to the Mission of the Church in Latin America", *Journal of Pentecostal Theology I*, (1992), p. 97; véase también, Juan Sepúlveda, "Pentecostalism as Popular Religiosity", International Review of Mission, 78, (January 1989).

[4]Carmelo Álvarez, "Panorama Histórico de los Pentecostalismos Latinoamericanos y Caribeños", *En la Fuerza del Espíritu: Los Pentecostales en América Latina: un desafío a las iglesias históricas* (AIPRAL y CELEP, 1995), pp. 37-38.

[5]Mark Searing, "A Theology of Urban Ministry to Reach: Eye of the Needle People in Latin America", (Gordon-Conwell Theological Seminary, documento inédito, December 2001).

[6]R. Andrew Chestnut, *Born Again in Brazil: The Pentecostal Boom and the Pathogens of Poverty* (New Jersey: Rutgers University Press, 1997), p. 3.

[7]Vinson Synan, *El Siglo del Espíritu Santo*, p. 368.

[8]Ibid.

[9]Christian Lalive D'Epinay, *Haven of the Masses: A Study of the Pentecostal Movement in the Churches* (London: Lutterworth Press, 1969).

[10]Robert Mapes Anderson, *Vision of the Disinherited: The Making of American Pentecostalism* (New York: Oxford University Press, 1979).

[11]Renato Pobleto y Thomas F. O'Dea, "Anomie and the 'Quest for Community': The Formation of Sects Among the Puerto Ricans of New York", *American Catholic Sociological Review* (Spring 1960).

[12]Emilio Willems, *Followers of the New Faith* (Nashville: Vanderbilt University, 1967).

[13]David Stoll, *Is Latin America Turning Protestant?* (Berkeley: University of California Press, 1990).

[14]David Martin, *Tongues of Fire* (Oxford: Basil Blackwell, 1990).

[15]Chestnut, *Born Again in Brazil*, p. 6; véase también, Candy Gunther Brown, editor, *Global Pentecostal and Charismatic Healing* (New York: Oxford University Press, 2011).

[16]Ibid., pp. 169-170.

[17]Ver, Luther P. Gerlach y Virginia H. Hine, "Five factors crucial to the growth and spread of a modern religious movement". *Journal for the Scientific Study of Religion 7* (Spring 1968): p. 38.

[18]Harvey Cox, *Fire from Heaven*, p. 81.

[19]Ibid.

[20]Walter J. Hollenweger, *Pentecostalism: Origins and Developments Worldwide* (Peabody, MA: Hendrickson Publishers, 1997), pp. 18-19.

[21]Samuel Cruz, Ph.D., *Masked Africanisms: Puerto Rican Pentecostalism* (Dubuque, Iowa: Kendall/Hunt Publishing Company, 2005), p. 14.

[22]Harvey Cox, *Fire from Heaven*, p. 86.

[23]Eldin Villafañe, "'Salsa' Christianity: Reflections on the Latino Church in the Barrio", en *A Prayer for the City: Further Reflections on Urban Ministry* (Austin, TX: AETH, 2001), pp. 35-51.

[24]Frank Macchia, "Sighs Too Deep for Words: Towards a Theology of Glossolalia", *Journal of Pentecostal Theology 1* (1992), p. 52; para un excelente estudio científico de *glossolalia*, ver, H. Newton Maloney and A. Adams Lovekin, *Glossolalia: Behavioral Science Perspective on Speaking in Tongues* (New York: Oxford University Press, 1985).

[25]Eldin Villafañe, *A Prayer for the City*, pp. 48-49.

[26]Orlando Costas, *El protestantismo en América Latina hoy: ensayos del camino, 1972-1974* (San José, Costa Rica: INDEF, 1975), p. 16.

[27]Steven J. Land, *Pentecostal Spirituality: A Passion for the Kingdom* (Sheffield, England: Sheffield Academic Press, 1993), p. 113; véase también, Samuel Soliván, "Hispanic Pentecostal Worship", en Justo L. González, ed., *¡Alabadle!: Hispanic Christian Worship* (Nashville, TN: Abingdon Press, 1996), pp. 43-56.

[28]Yves Congar, *Sobre el Espíritu Santo* (Salamanca: Ediciones Sígueme, 2003), p. 54.

[29]Harvey Cox, *Fire from Heaven*, p. 82.

[30]Richard Shaull, "Salvation: A New Experience of Liberation for the Poor", en Richard Shaull and Waldo Cesar, *Pentecostalism and the Future of the Christian Churches: Promises, Limitations, Challenges* (Grand Rapids, MI: Wm. B. Eerdmans, 2000), p. 153.

[31]Douglas Petersen, *Not by Might nor by Power: A Pentecostal Theology of Social Concern in Latin America* (Oxford: Regnum Books International, 1996), p. 107.

[32]David Barrett y Todd M. Johnson, "Global Statistics", *NIDPCM*, p. 284.

[33]Véase, Orlando Costas, "Social Justice in the Other Protestant Tradition: A Hispanic Perspective", Frederick Greenspahn, ed., *Contemporary Ethical Issues in the Jewish and Christian Traditions* (Hoboken, NJ.: Ktau Publishing House, 1986), pp. 205-229.

[34]Ibid., p. 221.

[35]Ibid., p. 222.

[36]Ibid., p. 223.

[37]Ibid.

[38]Ibid., p. 224.

[39]Ibid.

[40]Ibid., p. 225.

[41]Justo L. González, *The Hispanic Ministry of the Episcopal Church in the Metropolitan Area of New York and Environs, Grants Program of Trinity Parish*, Nueva York, 1985, p. 7.

[42]Melvin Delgado y Denise Humn-Delgado, "Natural Support Systems: Source of Strength in Hispanic Communities", *Social Work*, enero de 1982, pp. 83-89.

[43]Destacan que otras "religiones alternativas" (adventistas del séptimo día y testigos de Jehová) pueden desempeñar funciones similares; Ibid., p. 85.

[44]Ibid.

[45]Ibid, p. 87.

[46]Elba Caraballo-Ireland, "The Role of the Pentecostal Church As a Service Provider in the Puerto Rican community of Boston, Massachusetts: A Case Study", tesis inédita para el doctorado, Brandeis University, Waltham, Massachuetts, 1990.

Capítulo 5
La naturaleza distintiva del fuego pentecostal latino: Teología

> Una reflexión que no ayuda a vivir según el Espíritu no es una teología cristiana. En definitiva, toda auténtica teología es una teología espiritual. Esto no debilita su carácter riguroso y científico. Lo sitúa.
>
> Gustavo Gutiérrez[1]

Hablar de la teología pentecostal latina o criolla es necesario hablar de un proyecto más que un hecho logrado, al menos en cuanto a producción literaria se refiere. Aunque en estos últimos años ha habido un número de obras teológicas de distinción por teólogos pentecostales. Me refiero sobre todo a los trabajos de Samuel Soliván, Juan Sepúlveda, Bernardo Campos, Darío López y Sammy Alfaro, entre otros. Aun cuando no son explícitamente obras sobre el pentecostalismo latino, las contribuciones de los siguientes teólogos pentecostales son importantes: Steven J. Land, Frank D. Macchia, Veli-Matti Kärkkäinen, Amos Yong, Simon Chan y James K. A. Smith, entre muchos.

Por otra parte, referirse a la teología pentecostal es hablar de un universo de discurso bifocal. En un primer nivel, estamos tratando (sobre todo en América del Norte) con un discurso teológico explícito "recibido" de los anglosajones y usado por los pentecostales latinos, y con la literatura teológica (escasa) producida por los pentecostales latinos. En otro nivel, estamos tratando con el discurso teológico implícito, discernido en su culto, predicación y testimonio, tanto de palabra como de hecho, expresado en acciones dentro y fuera de la "comunidad del Espíritu".

En ambos casos, un análisis completo digno de un estudio de tal envergadura no puede abordarse dentro del marco de este trabajo. Sin embargo, me propongo delinear algunos de los puntos más sobresalientes y descriptivos de una teología pentecostal latina.

Durante los primeros quince años, el movimiento pentecostal no tuvo un perfil teológico distintivo, dada la composición de su membresía, proveniente de diferentes tradiciones protestantes, y el deseo de muchos de sus líderes de trascender las definiciones teológicas por el interés de mantener el compañerismo ligado por la "experiencia del Espíritu". La espiritualidad siempre ha sido el mayor interés de los pentecostales, a tal punto que el pensamiento de muchos de ellos, en ese momento y aún ahora, estaría de acuerdo con la aseveración de Vinson Synan:

> Como tal, no existe una teología pentecostal completamente desarrollada; y muchos esperan que nunca llegue a existir, ya que "la letra mata, pero el Espíritu vivifica". Esto no quiere decir que los pentecostales piensen que la teología no es importante, sino que se preocupan de que la teología sirva a la realidad espiritual en lugar de que la espiritualidad sirva a la teología.[2]

Con el tiempo, dos aspectos teológicos particulares, que interpretaban la experiencia pentecostal del "bautismo en el Espíritu Santo" suscitaron división: los aspectos de la santificación y de la pneumatología (teología sobre el Espíritu Santo). Estos dos puntos recibieron respuestas que se reflejan en dos tradiciones teológicas principales, y que influyeron sobre el movimiento pentecostal original: (1) el movimiento de santidad wesleyano y (2) el movimiento reformado de Keswick.

Según Paul Pomerville, la triple división que siguió puede clasificarse así:

> Aquellas denominaciones que sostienen la visión de Keswick de la santificación: "que la segunda experiencia, denominada bautismo del Espíritu Santo, era una investidura de poder para el servicio". (Reformado-Bautista).
>
> Aquellas denominaciones que sostienen la visión del movimiento de santidad wesleyano de "la santificación completa": la segunda experiencia denominada bautismo del Espíritu "era una limpieza de pecado (erradicación y perfeccionismo wesleyanos)".
>
> Aquellas denominaciones que sostienen una visión de la divinidad como "sólo Jesús" (unitaria/apostólica).[3]

Estos grupos constituyen los clásicos campos del pentecostalismo, en los que los latinos han participado desde sus inicios. Es bueno poner en claro que la teología de Keswick representaba el movimiento de santidad ubicado en el pueblo del mismo nombre en Inglaterra que durante el fin del siglo diecinueve y el comienzo del siglo veinte tipificaba una ola teológica reformada y bautista. Tal teología daba énfasis a la santificación progresiva o gradual y no instantánea, como los wesleyanos. La doctrina de Keswick subrayaba la "obra consumada" de Cristo en el calvario y recibida por el creyente al aceptar por fe a Cristo como su salvador (y santificador) personal. Para los pentecostales "keswickanos" el bautismo en el Espíritu Santo es entonces subsecuente a la profesión de fe y principalmente una "investidura de poder" para el servicio cristiano. Un ejemplo de las denominaciones pentecostales que siguen la teología de Keswick de la "obra consumada" es las **Asambleas de Dios**. Entre las denominaciones pentecostales wesleyanas se encuentra la **Iglesia de Dios** (Cleveland).

Con respecto a los pentecostales unitarios, es bueno oír las palabras del erudito pentecostal apostólico Daniel Ramírez: "Los pentecostales unitarios afirman un monoteísmo proto-hebreo y una perspectiva de la Divinidad funcional (operativa), es decir, no-ontológica: Dios como padre en obra creativa, como Hijo en obra redentora y como Espíritu llenando la Iglesia".[4] En otras palabras, esta rama unitaria del pentecostalismo rechaza la doctrina tradicional de la Trinidad. Ellos también sostienen que Jesús es Padre, Hijo y Espíritu Santo. Esta perspectiva con respecto a la naturaleza de Dios es conocida como "modalismo". Dios es una sola persona—y en el caso de los pentecostales unitarios, el nombre de Dios es Jesús—que a través de la historia bíblica se ha revelado en tres modalidades o formas. Además, ellos creen que el bautismo en el nombre de Jesús, y por lo general, el "hablar en lenguas", son requisitos necesarios para la salvación. Es importante destacar que, en el desarrollo inicial del pentecostalismo, los latinos representaban un número significativo en el movimiento unitario o apostólico. Aún mas, hoy los pentecostales unitarios representan globalmente un movimiento creciente y numeroso. Un ejemplo de una denominación pentecostal unitaria es la **Asamblea Apostólica de la Fe en Cristo Jesús**.

Con el agregado en la década de 1960 de los pentecostales carismáticos, tenemos los cuatro grupos teológicos principales del pentecostalismo según Synan: (1) los pentecostales wesleyanos; (2) los pentecostales de "Keswick"; (3) los pentecostales unitarios o apostólicos; y (4) los pentecostales carismáticos.[5]

Si bien Synan puede estar parcialmente acertado al afirmar que "todos los pentecostales concuerdan en la presencia y la demostración de los carismas en la iglesia moderna, aunque más allá de este acuerdo haya tantas diferencias como en todas las ramas del cristianismo",[6] existen otras temas teológicos que constituyen el común denominador de los pentecostales.

Teología explícita: La gestalt cristológica

Con la posible excepción de los pentecostales carismáticos, podemos identificar cuatro temas cristológicos que definen la *Gestalt* (forma o configuración) del pensamiento y *ethos* pentecostales: Cristo como Salvador, como el que bautiza en el Espíritu Santo, como Sanador y como el Rey que viene.[7]

Donald W. Dayton en su importante obra, *Theological Roots of Pentecostalism* (Raíces teológicas del pentecostalismo) expresa que: "Estos cuatro puntos son prácticamente universales dentro del movimiento, y aparecen... en todas las ramas y variedades del pentecostalismo... Se puede hallar este patrón fuera del pentecostalismo tradicional, en los movimientos carismáticos o neopentecostales y quizás en manifestaciones del tercer mundo, como las de ciertas iglesias africanas independientes".[8]

Este "evangelio completo" o "cuádruple" (aunque algunos de raíces del movimiento de santidad mantienen un "quíntuple", a saber, "Cristo santifica") se puede presentar esquemáticamente utilizando, como ejemplo, las "Declaraciones de verdades fundamentales" del **Concilio de Distrito Hispano del Este de las Asambleas de Dios**.[9]

Cristo salva:
> La salvación se recibe por el arrepentimiento hacia Dios y fe en el Señor Jesucristo. El hombre es salvo por el lavacro de la regeneración y la renovación del Espíritu Santo, siendo justificado por gracia por fe, viniendo a ser heredero de Dios según la esperanza de la vida eterna (Lc 24:47; Jn 3:3; Ro 10:13-15; Ef 2:8; Tit 2:11; 3:5-7).

Las evidencias de la salvación*:

1. La evidencia interna de la salvación para el creyente es el testimonio directo del Espíritu Santo. (Rom. 8:16).
2. La evidencia externa para toda persona es una vida de justicia y santidad verdadera. (Efe. 4:24: Tito 2:12).

*Con respecto a la "perseverancia" del creyente en la salvación, por lo general, el pentecostalismo clásico se subscribe a la perspectiva Arminiano-wesleyano ("se puede perder la salvación") y no a la calvinista ("una vez salvo, siempre salvo").

Cristo bautiza en el Espíritu Santo

Todos los creyentes tienen el derecho a, y deben ardientemente buscar, la promesa del Padre, el bautismo en el Espíritu Santo y fuego, de acuerdo al mandato del Señor Jesucristo. Esta era la experiencia general en la iglesia primitiva cristiana. Con ésta viene la investidura de poder para la vida y el servicio, lo mismo que la dotación de los dones y sus usos en la obra del ministerio. (Lc 24:49; Hechos 1:4-8; 1 Co 12:1-31). Esta experiencia es distinta y posterior a la experiencia del nuevo nacimiento. (Hch 12:44-46; 11:14-16; 15:7-9; Hch 8:12-17; Hch 10:44-46).

Con el bautismo del Espíritu Santo viene una experiencia que es como una inundación del Espíritu (Jn 7:37-39; Hch 4:8), una profunda reverencia hacia Dios (Hch 2:43; Heb 12:28), una ardiente consagración a Dios y dedicación a su Obra (Hch 2:42), y un ferviente amor por Cristo, por su Palabra y por los perdidos. (Mr 16:20).

El bautismo del Espíritu Santo en los creyentes se evidencia por la señal inicial de hablar en otras lenguas según el Espíritu de Dios da que se hablen. (Hch 2:4). El hablar en lenguas en esta ocasión es lo mismo en esencia que el don de lenguas (1 Co 12:4-10, 28), pero diferente en propósito y usos.*

*Se debe notar que no todos los pentecostales (globalmente hablando) aceptan las lenguas como evidencia inicial del bautismo en el Espíritu Santo. Para ellos la manifestación de otros dones del Espíritu y/o una nueva renovación o vivacidad de la fe y espiritualidad son señales del bautismo en el Espíritu.

Cristo sana:

La sanidad divina es una parte integral del Evangelio. La liberación de toda enfermedad ha sido provista para nosotros en el sacrificio expiatorio de Cristo. Es el privilegio de todos los creyentes. (Is 53:4, 5; Mt 8:16, 17; Stg 5:14-16).

Cristo el Rey que viene:

> La resurrección de aquellos que duermen en Cristo y su traslado juntamente con aquellos que vivimos y quedamos hasta la venida del Señor es la inminente y bendita esperanza de la iglesia. (1 Tes 4:16, 17; Rom 8:23; Tit 2:13; 1 Cor 15:51-52).

Aquí las palabras del pensador europeo William K. Kay son muy atinadas, "Aunque los pentecostales han sido acusados de ser Espíritu-céntricos, es más exacto verlos como Cristo-céntrico".[10]

Es importante destacar que estos cuatro temas cristológicos de los pentecostales constituían los parámetros básicos de la teología de Francisco Olazábal y Juan L. Lugo, y es interesante el hecho de que George y Mary Montgomery, líderes anteriores de la Alianza Cristiana y Misionera, formaran a ambos en su peregrinaje pentecostal inicial.

La anterior afiliación denominacional de George y Mary Montgomery (Alianza Cristiana y Misionera) era uno de los miembros más firmes de la rama de Keswick del movimiento de santidad. Como era de esperar, las experiencias pentecostales y las enseñanzas teológicas del matrimonio Montgomery fueron interpretadas a través de la perspectiva del pentecostalismo de Keswick. Ellos, junto con Olazábal y Lugo, estaban afiliados a las Asambleas de Dios, movimiento que en sus años de formación fue notablemente influenciado por la teología de Keswick.

Olazábal y Lugo, los dos pioneros del pentecostalismo latino, aun cuando se alejaron de las Asambleas de Dios para fundar iglesias pentecostales autóctonas a lo largo de los Estados Unidos y en Puerto Rico, dejaron un legado teológico basado en los cuatro temas cristológicos del "evangelio completo". La fuerte dimensión de la santidad en la práctica pentecostal latina puede atribuirse en parte a estas raíces, junto al hecho de la perspectiva wesleyana de la santidad, que era la herencia teológica de Olazábal, ex-pastor metodista, y de Lugo, cuyo primer pastor, Francisco Ortiz, también había sido metodista.

El pentecostalismo latino ha sido influenciado teológicamente, de manera formal y substancial, por el pentecostalismo clásico, como ha sucedido con la mayoría de los pentecostales en todo el mundo, aunque con los matices propios de la cultura y la historia latina. Además, es interesante señalar que el pensamiento y el *ethos* del pentecostalismo latino, fueron impactados notablemente a partir de 1937 por la obra teológica más "popular" y "ubicua" entre los pentecostales latinos, la de Myer Pearlman (un judío convertido), Teología bíblica y sistemática, publicada en español en el 1958.[11]

Al centrarnos más detenidamente en la teología pentecostal latina, es de suma importancia señalar y relacionar su herencia teológica. Cuando leemos sus reflexiones teológicas –tomando como fuentes sus publicaciones trimestrales de la escuela dominical, los bosquejos de sermones y artículos publicados– y oímos sus discursos teológicos por medio de una "cultura autóctona" con algo de "oral y narrativa", además de los ya mencionados cuatro temas de la cristología del "evangelio completo", se debe confirmar su adscripción a los cuatro principios básicos de la Reforma: **sola gracia, sólo Cristo, sola Escritura, sola fe**. Sin embargo, se tiene que señalar que el pentecostalismo latino tiene sus antecesores espirituales en el ala izquierda de la Reforma.

John Thomas Nichol, refiriéndose a la afinidad que tienen en sus orígenes las iglesias pentecostales con el ala radical de la Reforma –un hecho que se revela más en el pentecostalismo criollo de ahora que en el pentecostalismo anglosajón y otras ramas del pentecostalismo en la actualidad– afirma:

> ...los énfasis que manifestaron los pentecostales los ubicarían en el ala más radical (izquierda) de la Reforma. Al igual que sus antecesores espirituales, los anabautistas, los pentecostales declaran: 1) que el individuo, así como el cuerpo de creyentes, debe buscar la guía del Espíritu y someterse a su liderazgo; 2) que debe haber un retorno a la sencillez apostólica en la adoración; 3) que los creyentes deben apartarse del mundo; 4) que el bautismo del creyente remplaza al bautismo del infante; y 5) que los creyentes deben esperar el inminente regreso visible de Cristo, quien establecerá su reino milenario.[12]

En correlación con los cinco puntos anteriores expuestos por Nichol, mi propia clasificación pneumática de los cinco puntos son:

• Soberanía del Espíritu
• Sencillez en el Espíritu
• Separación por el Espíritu
• Señal con el Espíritu
• Suspiros (ayes) del Espíritu

Si bien esta breve visión panorámica de las raíces y status teológico del pentecostalismo latino nos ayuda a entender sus pensamientos teológicos, resultaría mucho más fructífero, y en realidad más cercano a su naturaleza criolla, examinar la teología implícita que se manifiesta, sobre todo en el culto.

Teología implícita: El culto como locus theologicus

Teología (*theo*, Dios; *logos*, hablar) quiere decir "hablar de Dios", un diálogo, un discurso. El culto, "...después de todo se trata de la adoración, de un diálogo entre Dios y los hombres".[13] Esta adoración o culto es un diálogo entre Dios y la humanidad, quienes se comunican verbalmente y no verbalmente por medio de las numerosas señales, símbolos (y ayes) intercambiados en la comunidad del Espíritu, la iglesia, aunque no se limita sólo a ella. Así, el culto es teología, y la teología es culto.

Es apropiado citar al respecto los comentarios de Orlando Costas:

> El culto es el reflejo más claro de la teología de la comunidad de fe. Ello se hace claramente evidente en el N.T., donde los pasajes de mayor profundidad teológica son trozos litúrgicos – himnos, oraciones, confesiones, etc., –tomados directamente de la experiencia litúrgica de las comunidades primitivas. En América Latina ello se hace aún más claro dado el carácter oral de nuestra teología. Nuestra teología... no es una reflexión lineal, horizontal, escrita. Antes bien, es parte de la vida, que para bien o para mal se representa... por el culto, ya que éste es el punto central de la vida eclesial. De ahí también que sea un índice de las actitudes, el estilo de vida, la cosmovisión y la participación social del pueblo evangélico. Porque refleja un comportamiento psicosocial definido, repleto de imagines socioculturales, con un contenido ético concreto y con una clara visión de la iglesia y la sociedad.[14]

El enfoque de este estudio no nos permite exponer una teología ya acabada, no obstante, como apunta el texto recién citado, se puede ubicar el *locus theologicus* (lugar/locus de la teología) en el culto. El resto de esta sección se dedicará al análisis descriptivo del culto en el pentecostalismo latino, destacando su teología implícita. Se utilizarán dos fuentes primarias: (1) el conocimiento del autor basado en más de sesenta años de participación en el culto del pentecostalismo, y (2) las notas y aportes de mi curso de "Sociología de la religión" (SE 191), dictado en el Seminario Teológico Gordon-Conwell; véase el cuadro "Observadores participantes: Iglesia Asambleas Cristianas".

Observadores participantes: Iglesias Asambleas Cristianas
Observadores   Iglesias Asambleas Cristianas
Participantes: 5 Howard Avenue, Dorchester, MA 02125
        Comunidad: Describe a la comunidad en términos de la realidad socioeconómica y política.
    Edificio y dependencias de la iglesia:
        Donde está ubicada la iglesia
        Tamaño y extensión de las dependencias
        Espacio para estacionamiento
        Pintura o decorado de la iglesia (exterior/interior)
        Calidad estética (presente/ausente)
        Ubicación de la oficina del pastor o de la iglesia
        Ubicación de los baños
        Ubicación y tamaño de las aulas
        Micrófonos, tarima, etc. (su uso)
        Púlpito y telón de fondo
Agregue otros:
    Adoración:
        Duración del servicio (total)
        Duración de la parte devocional en el programa
        Instrumentos musicales
        Canto y música (tipo y estilo)
        Uso de las Escrituras
        Uso del himnario
        Credo establecido (uso de/presencia)
        Uso de símbolos (verbales/no verbales)
        Servicio "abierto" (organizado/desorganizado)
        Participación congregacional
        Atmósfera (cognitiva/emocional)
        Uso del púlpito
Agregue otros:
    Liderazgo/membresía/miscelánea:
        Status social

       Asientos disponibles
       Estructura del servicio
       Movilidad de los niños/gente
       Nivel de ruido
       Testimonios (estructura, contenido, etc.)
       Predicador/mensaje (uso de la Escritura, estilo, estructura homilética, contenido, etc.)
Agregue otros:

(Tomado del Prof. Eldin Villafañe, formulario entregado en el curso de "Sociología de la religión" (SE 191), Gordon-Conwell Theological Seminary.)

Debemos analizar, en primer lugar, el contexto de la espiritualidad del pentecostalismo latino. En la mayoría de los casos encontramos estos cultos dinámicos y sugerentes en iglesias situadas en los barrios urbanos. Estos barrios son zonas marginales en relación con las estructuras de poder del centro de la ciudad. Estas iglesias normalmente están ubicadas en locales comerciales y son pequeñas, hacinadas, inadecuadas para aulas u oficinas, sin vitrales (apenas tienen ventanas); son, en una estimación general, estéticamente indecorosas. Como respuesta al cuestionamiento de si estas iglesias eran **iglesias verdaderas**, Gerald Sheppard, en ese entonces profesor de Antiguo Testamento en el Union Theological Seminary (Seminario Teológico Unido), en Nueva York, contestó:

> "Si, –dice Sheppard– estas son auténticas expresiones de creencia religiosa, no importa lo que algunos puedan pensar. ¿Quién está en posición de decir que sólo porque la gente se está reuniendo, por ejemplo, en una zapatería abandonada, no son "verdaderos" cristianos congregándose en una iglesia "verdadera"? Es la fe lo que cuenta, no la ubicación".[15]

Ésta es la iglesia donde los creyentes se reúnen a adorar, a celebrar y a proclamar al Salvador viviente. Es aquí donde el creyente conoció y aceptó a Cristo como su único Salvador y Señor. La transformación por medio del Espíritu le trae gozo, esperanza y nueva vida en Cristo.

La afirmación de Costas es cierta y además aplicable a estas iglesias que "salpican" aquí y allá nuestros barrios, ya que "al celebrar y proclamar al Salvador, la iglesia actúa como comunidad profética y sacerdotal".[16] Su mera presencia en los barrios es un testimonio profético a: (1) los "principados y potestades", interpretados como instituciones y/o personas que deshumanizan a los hijos de Dios; (2) las otras iglesias y denominaciones que han abandonado nuestros barrios o se han negado a entrar en ellos; (3) los propios habitantes de los barrios, que son desafiados y llamados al perdón, la esperanza y la comunidad; y (4) los creyentes mismos, que son desafiados y llamados a no aceptar su *status quo*.

Recuerdo muy bien, en una reunión con algunos teólogos de la liberación latinoamericana en Petrópolis, Brasil, el 24 de enero de 1991, hice una pregunta acerca del papel que desempeña la iglesia pentecostal en la liberación, si es que tiene alguno. Leonardo Boff respondió rápidamente con cuatro puntos positivos, destacando el papel desempeñado por la iglesia pentecostal en las "favelas" (barrios muy pobres) de Brasil: (1) Rescata dignidad mínima; (2) Religión de resistencia; (3) Liberación espiritual; y (4) Lanza un reto al pueblo.

Su **presencia** como comunidad sacerdotal sacraliza a los barrios de manera profunda y misteriosa, proveyendo espacio o contexto para la reunión del pueblo de Dios, para la intercesión, la oración y el fortalecimiento. Piri Thomas, refiriéndose a la iglesia pentecostal de su tía, explica esta realidad:

> Era un milagro que pudieran ignorar el ir y venir de las cucarachas y de las ratas enormes, y los demás horrores de las derruidas casas de alquiler y las calles sucias de basura, y las drogas corriendo por las venas de nuestros niños de gueto. Era un milagro que soportaran las indignidades que se amontonaban sobre el barrio. Yo sabía que ninguno de ellos se debilitaría. Se fortalecían. Sus oraciones no se acortaban. Se extendían.[17]

La presencia y la ubicación de estas iglesias habla también teológicamente de: (1) un compromiso misionero con el pobre; (2) una contextualización eclesiológica en todas las dimensiones: geográficas, físicas, etc.; y (3) una comprensión de la espiritualidad en la vida de la iglesia, que no necesita verse limitada por la calidad estética del edificio y de sus alrededores.

El culto pentecostal latino es la manifestación y el testimonio más fuerte de la contextualización cultural de su espiritualidad. Canciones, coritos, testimonios, oraciones, ofrendas, expresiones litúrgicas, la alabanza abierta (¡amén!, ¡aleluya!, ¡gloria a Dios!), el sermón, todo refleja la espiritualidad criolla. El ethos y la infraestructura del culto están impregnados por la cultura del barrio. Hay una adaptación de las herramientas lingüísticas usadas para la teología ("hablar de Dios"), la alabanza y toda la comunicación y el contexto barrial. A pesar de que en muchos casos no se habla el mejor castellano, ni tampoco el inglés de la nueva generación bilingüe y bicultural es el mejor, representa, no obstante, una auténtica expresión del creyente y de su comunidad. Las palabras sencillas y humildes transmiten una emoción y significado profundos.

El culto pentecostal es una experiencia emocional. Aunque sabemos que un culto emocional puede tener sus aberraciones, nuestra predisposición en contra de las emociones ha impedido que muchos vean su importancia y contribución vital a la verdadera espiritualidad, y hasta a la teología. A propósito, una reciente e indispensable obra sobre las emociones que merece nuestra atención es la de Matthew A. Elliott, *Faithful Feelings: Rethinking Emotion in the New Testament*[18] (Sentimientos fieles: Volviendo a pensar la emoción en el Nuevo Testamento).

Mientras que las señales y símbolos cognitivos están presentes en el culto, es el factor emotivo el que media en el *misterium tremendum* ("misterio tremendo", la realidad o presencia divina). La comunicación de "lo verdadero" debe ser vestida o envuelta emotivamente para que resuene de manera efectiva y confiable. No es sorprendente que la espiritualidad emocional del pentecostalismo latino encaje bien con la presencia y demostración de los dones y los estimule. Hay un sentido real en el cual esta espiritualidad emocional del culto y sus carismas fomentan un verdadero *misticismo urbano*.

Es indispensable reparar en el hecho de que este culto pasional o emocional es, al mismo tiempo, muy personal y existencial. Es un culto que responde al corazón sufrido de un pueblo que, no obstante su contexto y condición marginada, sabe vivir en esperanza divina. La contribución de Samuel Solivan sobre el *orthopathos* (sufrimiento correcto) concuerda bien con esta pasión y lo que ella nos revela del pentecostalismo latino. Esta pasión es análogo al *pathos* (sufrimiento/pasión) divino y entendida como *orthopathos* provee "un recurso epistemológico (estudio del conocimiento) para la teología (que) puede asistir al teólogo salvar la brecha entre reflexión crítica [a saber, *ortodoxia* (enseñanza/doctrina correcta)] y encuentro interpersonal (a saber, *ortopraxis* –práctica/acción correcta).[19]

Las emociones o las pasiones no las despierta un dogma abstracto y frío, sino la experiencia existencial de una Persona: ¡el "Cristo Pneumático"! Los dones son muy personales y actuales. Las señales físicas son vistas y tocadas por el creyente, y se manifiestan concretamente en el culto. El pastor o líder que tiene "autoridad espiritual" y, por lo tanto, demanda lealtad, lo hace en virtud de las señales personales del Espíritu en su vida y ministerio; así el "carisma personal" sobrepasa la autoridad intelectual o tradicional, u otra adquirida por conocimiento o por posición social.

En el pentecostalismo latino el bautismo en el Espíritu y la experiencia de hablar en lenguas señalan la entrada a un nuevo nivel de espiritualidad. El "sentido de santidad", la cercanía a Dios y la "investidura de poder" para el servicio, como funciones de la *glossolalia*, tienen un efecto nivelador en el culto con relación al *status*. En otras palabras, en el culto son todos iguales, pues todos han sido o pueden ser igualmente "bautizados en el Espíritu", es decir, recibir un nuevo *status* espiritual dado por Dios, por encima y más allá del presente status terrenal. El culto pentecostal es, y puede ser, una verdadera expresión igualitaria de comunidad. Sin embargo, paradójicamente, esta nueva visión y experiencia a menudo se ve perturbada por las estructuras alienantes de liderazgo, usualmente importadas de iglesias donde no se habla en lenguas, o se manifiestan los dones del Espíritu, y a la "imagen en espejo" de la estructura de poder prevaleciente en la sociedad más grande. El nuevo *status*, la libertad y el denuedo son a menudo enmudecidos al poner "vino nuevo en odres viejos".

El pentecostalismo latino prospera en comunidad. El culto es una expresión comunitaria. Resuenan instrumentos musicales autóctonos, se cantan coritos autóctonos, y el tiempo está sujeto al evento del culto y no tiene, necesariamente, un horario estructurado. Expresiones litúrgicas, alabanzas abiertas, como ¡amén!, ¡aleluya!, ¡gloria a Dios!, son exteriorizaciones de gozo, fiesta y experiencia de liberación, que se encuentran en el culto. Es una espiritualidad cuyo credo no se encuentra escrito ni se recita durante el culto, pero se verbaliza en el testimonio (dada una estructura repetitiva) y en el sermón. Ambos son, en esencia, auténticos credos y confesiones teológicas de fe.

Renato Poblete y Thomas F. O'Dea subrayan con acierto el hecho de que el pentecostalismo criollo, en su "búsqueda de una comunidad", expresa una espiritualidad centrada en "una forma de vida más que en un credo".[20] Ya sea en el culto o afuera, en el barrio o en la sociedad más grande (el mundo, con su *Zeitgeist* o espíritu pagano), las actitudes religiosas y las reglas morales de la comunidad son definidas por parámetros rigurosos e inflexibles. Poblete y O'Dea agregan:

> Marcan un modo de vida más que un credo: el énfasis está puesto en la intensidad más que en la universalidad, y tienden a mantener actitudes religiosas radicales e intransigentes, demandando de sus miembros el máximo en su relación con Dios, con el mundo y con los hombres. Las normas morales son muy altas y existe una genuina austeridad en cuanto a sus actitudes y patrones de vida. Este rigor se expresa mucho en detalles externos: no fumar, no consumir bebidas alcohólicas y no maquillarse, en el caso de las mujeres.[21]

Las "vigilias" (culto de toda noche) y los retiros espirituales son de suma importancia para el pentecostalismo latino. El pentecostalismo latino, en su ubicación urbana, ha puesto mucho énfasis en la práctica del "culto de vigilia" para aquellos que buscan un caminar con Dios más profundo. En vez de un retiro en las montañas, por razones prácticas (inclusive financieras), éste tiene lugar en la iglesia o en el hogar de algún miembro, y reúne a los creyentes para un culto de toda la noche. Este culto de vigilia se concentra en la oración y las Escrituras, y en ocasiones anticipa la preparación espiritual para un evento de evangelización en la comunidad, un avivamiento en la iglesia, la confrontación de una crisis personal o comunitaria, o un profundo deseo de acercarse a Dios.

Es importante destacar, además, la función fundamental que estos cultos de vigilia han tenido en el desarrollo del liderazgo. No sólo se espera la asistencia de los líderes espirituales aspirantes, sino que muchos de los que han concurrido manifestaron haber recibido "el bautismo en el Espíritu" o su "llamado" al ministerio durante estos cultos de vigilia. Además de la oración y los estudios bíblicos, frecuentemente está presente la manifestación de los dones (a menudo de manera inmadura o extraviada), que dotan al líder potencial de un laboratorio (bajo mentores, por supuesto) para aprender el manejo del ministerio y los dones.

Hablar acerca de las Escrituras en los círculos del pentecostalismo latino es hablar acerca del "libro del Espíritu". Si bien los pentecostales toman la Escritura explícitamente de una manera que podríamos denominar fundamentalista, no obstante existe una negación implícita en la práctica. Los pentecostales latinos tienden a leer la Escritura de una manera que yo llamaría "existencial-espiritual". En esencia, esto significa que el creyente se aproxima al texto de un modo casi sacramental. Hay una expectativa de que el Espíritu le hablará a él o a ella ahora. Cualquier parte y toda la Escritura, desde el Génesis hasta el Apocalipsis, puede hablar igualmente la palabra del Espíritu. Existe la confianza de que el Espíritu de verdad guiará a toda la verdad (Jn 16:13). Lo que Christian Lalive d'Epinay expresa acerca del pentecostalismo chileno también es válido para el pentecostalismo latino.

> Ciertas libertades tomadas respecto a la Biblia tienen relación, ante todo... con la creencia característica del pentecostalismo: su fe en el Espíritu Santo, que vive y actúa hoy de manera espiritual, es decir sobrenatural.[22]

Lalive d'Epinay comenta que la fidelidad de algunos pastores "los une menos a la letra bíblica que al Espíritu que vivifica la palabra escrita".[23] Es de singular importancia destacar que la comprensión del Espíritu que poseen los pentecostales se halla enraizada en la Escritura. La Escritura es la Palabra de Dios, con completa autoridad de fe y de práctica (2 Ti 3:16-17; 2 P 1:21). Los comentarios de Lalive d'Epinay a propósito son:

> La importancia de la norma bíblica, en la pneumatología pentecostal, permitirá comprender por qué, cualesquiera sean las libertades con respecto a la Biblia en nombre del Espíritu, nunca las profecías o revelaciones hechas por pentecostales tuvieron sino un valor relativo y temporal, y nunca se inscribieron como nueva revelación, complementaria de la Biblia.[24]

Si bien algunas de esas "libertades" pueden atribuirse a la falta de una sana enseñanza de exégesis y hermenéutica bíblicas, el hecho es que los pentecostales latinos se suscriben implícitamente a una perspectiva de la revelación que es dinámica y continua en su naturaleza. Esto está en conformidad con "el principio 'óntico' de la teología y la experiencia cristiana. Este se refiere a una perspectiva de la fe en la cual el cristiano parece confrontarse no sólo con las Escrituras sino también con el Espíritu Santo".[25] Es necesario entender que no debe confundirse el elemento "transrracional" y "suprarracional" en la experiencia pentecostal en relación con el Espíritu y la Escritura, o la fe en general, con elementos de la irracionalidad o el subjetivismo existencialista. En última instancia, para los pentecostales latinos la evidencia clave de que la Escritura es la Palabra de Dios y, por ende, autoritativa en todas las áreas de la vida, es lo que los reformadores llamaron: *Testimonium internum Spiritus sancti* (el testimonio interno del Espíritu Santo).

El papel de las mujeres en el culto y en el pentecostalismo latino es singular. Las mujeres han desempeñado un papel preponderante en el origen y desenvolvimiento del pentecostalismo, como pastoras, evangelistas, fundadoras de iglesias y misioneras. El pentecostalismo latino no hubiera sobrevivido sin el liderazgo femenino, especialmente de "la misionera" (de la iglesia local), siempre presente en el culto y en la visita a hogares y hospitales.

Hay muchos otros elementos en el culto que pueden analizarse descriptivamente pero, dado el alcance del presente trabajo, yo he subrayado solo a aquellos aspectos más sobresalientes, que han demostrado la riqueza y la vibrante espiritualidad que revela la teología implícita del pentecostalismo latino.

En resumen, los siguientes son parámetros teológicos del pentecostalismo latino:

A. **Una teología contextual:** Desde la presencia profética y sacerdotal en los barrios surgen las herramientas lingüísticas de la teología (hablar de Dios) que responden a la cultura del pueblo.

B. **Una teología Cristo-céntrica**: La experiencia de la salvación en Cristo obra una transformación que impacta el "ser" y "hacer" de la nueva vida.

C. **Una teología Espiritual:** Hay factores emotivos y espirituales que median en el misterium tremendum, en vez de signos o símbolos cognitivos, aunque estos están también presentes y son importantes.

D. **Una teología personalista y existencial:** La realidad de Dios como Persona, presente ahora y no como evento pasado o futuro, impacta sobre la comprensión de la fe.

E. **Una teología de la de Dios:** Las Escrituras realmente se vuelven vivas como Palabra de Dios con completa autoridad de fe y de práctica.

F. **Una teología de liberación:** Identidad y solidaridad con el pobre y el oprimido para que puedan experimentar la liberación espiritual de todas las ataduras de la carne, el diablo y el mundo; una experiencia al mismo tiempo que una meta. Es individualista en el sentido de la libertad para ser uno mismo en el culto, para ser auténtico, aún frente a la opresión social.

G. **Una teología carismática:** La experiencia de los dones del Espíritu colorea toda la comprensión de la espiritualidad.

H. **Una teología igualitaria:** Debido a la nivelación de la experiencia de hablar en lenguas, y otros dones del Espíritu, todos pueden recibir una "palabra" del Señor; un "llamado", un ministerio, un liderazgo, lo mismo que la teología, no es sólo patrimonio de una elite.

Spirit-Ethics: La ética como pneumatología

> Solamente que os comportéis como es digno del Evangelio de Cristo.
> -Filipenses 1:27a
> Si vivimos por el Espíritu, andemos también por el Espíritu.
> -Gálatas 5:25

La ética en el pentecostalismo latino surge de su experiencia del Espíritu. El amor de Dios en Jesucristo, derramado por el Espíritu Santo en nuestros corazones (Ro 5:5), inicia nuestro peregrinaje espiritual y nuestra vida moral o ética.

Este amor de Dios se convierte en la fuente, el motivo y el poder de la vida en el Espíritu y de nuestra ética cristiana. Esta experiencia transformadora de amor o gracia (San Agustín definió la gracia como la infusión del amor en el corazón humano por medio del Espíritu Santo) desafía al creyente a "comport(arse) como es digno del Evangelio de Cristo" (Fil 1:27a) –una ética cristiana. Y como tal, embarca al creyente en un peregrinaje de buscar "en obediencia a Dios seguir a Jesús en el poder del Espíritu". Esto es a la vez una espiritualidad y una ética del Espíritu, *Spirit-Ethics*.[26]

Jesucristo, el Ungido de Dios (Lc 4:18; Hch 10:38), es el paradigma por excelencia de esta *Spirit-Ethics*. Por medio del poder del Espíritu, los creyentes son a la vez "transformados de gloria en gloria en la misma imagen, como por el Espíritu del Señor". (2 Co 3:18), y desafiados a seguirlo: "Como me envió el Padre, así también yo os envío... recibid el Espíritu Santo (Jn 20:21-22). De este modo, el doble enfoque y meta de la *Spirit-Ethics* cristiana abarca: (1) un enfoque vertical en la continua transformación en la imagen de Jesús, el Señor resucitado; y (2) un enfoque horizontal en el seguimiento de Jesús, en similar obediencia al llamado misionero del Padre (Lc 4:18-19). Ambos enfoques y metas sólo pueden llevarse a cabo en el poder del Espíritu, y ceñidos por el amor de Dios. Ambos tienen una dimensión vertical y horizontal que los interrelaciona y los nutre dinámicamente. La "transformación" necesita del "seguimiento" y el "seguimiento" de la "transformación". Tanto uno como el otro poseen una dimensión personal y social que los interrelaciona igualmente y los "nutre" dinámicamente.

El enfoque de "transformación vertical" y su interrelación con el enfoque horizontal se observa claramente en 1 Juan 4:7-13.

> Amados, amémonos unos a otros; porque el amor es de Dios. Todo aquel que ama, es nacido de Dios, y conoce a Dios. El que no ama, no ha conocido a Dios; porque Dios es amor. En esto se mostró el amor de Dios para con nosotros, en que Dios envió a su Hijo unigénito al mundo para que vivamos por él. En esto consiste el amor: no en que nosotros hayamos amado a Dios, sino en que él nos amó a nosotros, y envió a su Hijo en propiciación por nuestros pecados. Amados, si Dios nos ha amado así, debemos también nosotros amarnos unos a otros. Nadie ha visto jamás a Dios. Si nos amamos unos a otros, **Dios permanece en nosotros, y su amor se ha perfeccionado en nosotros**. En esto conocemos que permanecemos en él, y él en nosotros, en que nos ha dado de su Espíritu.

El enfoque del "seguimiento horizontal" y su interrelación con el enfoque vertical están contenidos en la comprensión de Jesús de su propia misión (que debe ser también la nuestra), en Lucas 4:18-19:

> El Espíritu del Señor está sobre mí, por cuanto me ha ungido para dar buenas nuevas a los pobres; me ha enviado a sanar a los quebrantados de corazón; a pregonar libertad a los cautivos, y vista a los ciegos; a poner en libertad a los oprimidos; a predicar el año agradable del Señor.

Esta *Spirit-Ethics* dinámica y dialéctica solo puede "vivirse" en un contexto social. El quebrantamiento de la sociedad – tan visible en nuestros pueblos –, el mandato misionero escritural y el amor del Espíritu nos constriñen para alimentar al hambriento, visitar a los presos y a los enfermos, cobijar a los pobres y a los desposeídos, en suma, para expresar el amor de Dios en las problemáticas sociales. En Mateo 25:35-36 y 40, Jesús describe gráficamente la interrelación vertical y horizontal de la adoración y el compromiso social, y nos desafía así a vivir una *Spirit-Ethics* íntegra:

> Porque tuve hambre, y me disteis de comer; tuve sed, y me disteis de beber; fui forastero, y me recogisteis; estuve desnudo, y me cubristeis; enfermo, y me visitasteis; en la cárcel, y vinisteis a mi... De cierto os digo que en cuanto lo hicisteis a uno de estos mis hermanos más pequeños, a mí lo hicisteis.

En la época que vivimos, a través de la cuidadosa lectura y relectura de la Escritura (especialmente desde el contexto de la periferia), y la utilización crítica de las herramientas de análisis de las ciencias sociales, hemos acuñado una nueva interpretación de nuestra realidad social. El concomitante derramamiento pentecostal del Espíritu, ha llevado a muchos a un reconocimiento y discernimiento crítico de la profundidad y la complejidad del pecado (el "misterio de la iniquidad"). Junto con la lamentable situación de los latinos en los barrios, esto debería constituir un reto para las iglesias pentecostales a fin de que reconozcan que una Spirit-Ethics bíblica, auténtica y relevante debe ser integral y debe responder por igual a la dimensión vertical y horizontal de la vida.

La Biblia, por lo regular, usa la palabra "andar" o "caminar" para señalar la conducta moral o ética del creyente. En Gálatas, Pablo nos recuerda que ambos nuestro autoentendimiento teológico y nuestro autoentendimiento ético están arraigados en el Espíritu:

> Si vivimos por el Espíritu (autoentendimiento teológico), andemos también por el Espíritu (autoentendimiento ético) (Gl 5:25).

Es importante destacar que, en el Nuevo Testamento, el verbo "andar" empleado por Pablo en este versículo es *stoichomen* (presente activo de *stoicheo*). Como tal, este verbo guarda un sentido militar en su etimología y ha sido parafraseado por algunos como "seguir las órdenes de movilización del Espíritu".[27] La Nueva Versión Internacional traduce la expresión como "andemos guiados por el Espíritu". Los ricos matices de nuestro "andar" en el Espíritu sugieren que nuestra conducta ética, ya sea personal o social, es un andar en el poder y la dirección del Espíritu.[28]

Dada la gran necesidad de una ética social (que sea bíblica y teológica) entre el pueblo pentecostal, me propongo aquí presentar un perfil de elementos críticos hacia esa meta. Consideraré ahora las consecuencias éticas de tres categorías o temas mayores en el desarrollo de una ética social pentecostal –de una *Spirit-Ethics*. Podríamos esquematizarlos de la siguiente manera:

Si vivimos en el Espíritu (autoentendimiento teológico)	andemos también en el Espíritu (autoentendimiento ético)
El proyecto histórico del Espíritu (i.e., el Reino de Dios).	El desafío de participar en el Reino de Dios.
El encuentro de los poderes con el Espíritu.	El desafío de enfrentar el pecado y la maldad estructural.
El apoderamiento carismático del Espíritu.	El desafío de cumplir el papel profético y vocacional del "bautismo en el Espíritu".

El desafío de participar en el reino de Dios

C. René Padilla nos recuerda que "el imperativo de la ética cristiana se deriva directamente del indicativo del Evangelio. Lo que **hacemos** es solo la respuesta a lo que Dios **ha hecho**".[29] Podría afirmarse igualmente el imperativo de la ética cristiana, particularmente la ética social, se deriva directamente del indicativo del proyecto histórico del Espíritu: el Reino de Dios. No sólo es escatológico el marco de la teología del Nuevo Testamento, sino que de igual manera lo es su ética social. El evangelio de Jesucristo es el evangelio del Reino de Dios. En Jesucristo el Reino fue personalizado y hecho eficaz por medio de la cruz. La redención eterna (Heb 9:12) forjada en el Calvario fue consumada por medio del Espíritu eterno (Heb 9:14). En el Espíritu, que es mediador del Cristo resucitado, el Reino ha sido universalizado.

Los pentecostales latinos necesitan imperiosamente comprender, de manera adecuada, **la realidad y el alcance actual** del Reino de Dios. Los *carismas* –el hablar en lenguas, la sanidad divina y otras manifestaciones del Espíritu– del pentecostalismo latino sólo pueden entenderse bíblica y teológicamente si el Reino de Dios es una realidad presente (e.g., Mt 12: 28). Si bien puede haber una cierta comprensión de la relación existente entre el Reino y los *carismas* del Espíritu en la iglesia pentecostal latina, están ausentes sus consecuencias sociales y políticas.

El Espíritu de Dios, por el cual Cristo "... anduvo haciendo bienes y sanando a todos los oprimidos por el diablo..." (Hch 10:38), y por el que Cristo "se ofreció a sí mismo... a Dios" (Heb 9:14), **aún está** llevando a cabo la tarea del Reino. Participar en el Reino de Dios es participar del poder de la era venidera que, por el Espíritu, está presente y disponible para la iglesia –el cuerpo de Cristo. La iglesia debe seguir al Espíritu como lo hizo Cristo. Ella también debe ser una "ungida", el cuerpo de Cristo inmerso en el mundo para hacer el bien y sanar a todos aquellos oprimidos por el diablo y el pecado, dondequiera y comoquiera que se manifieste. Debe también, como Cristo, ofrecerse a sí misma a Dios: como una fiel encarnación en los asuntos del mundo y como una fiel portadora de la cruz en la "redención" social. En palabras de Leonardo Boff: "La iglesia siempre se ha entendido a sí misma como la continuación de Cristo y de su misión".[30]

Participar del Reino de Dios significa participar del gobierno de Dios. Es tomar en serio el llamado de Dios como iglesia a ser una comunidad del Espíritu **en** el mundo y **para** el mundo, aunque **no del** mundo. Esta participación implica que no hay un área en la vida donde el señorío de Dios no puede ejercitarse. Si bien Dios gobierna en la iglesia a través del Cristo pneumático (resucitado), la iglesia no debe verse a sí misma como el único locus del Reino de Dios. Leonardo Boff nos recuerda que "la iglesia... debe... ser definida teológicamente como el instrumento para la realización plena del Reino y como signo de la realización auténtica, aunque todavía imperfecta, de ese mismo Reino en el mundo".[31] De este modo, la iglesia es desafiada a no verse a sí misma como un fin, sino como un medio para la construcción del Reino de Dios – el proyecto histórico del Espíritu.

Participar en el Reino de Dios es participar en el proceso político. La participación cristiana en el proceso político se fundamenta en la comprensión de que Cristo es Señor también del reino de este mundo (Mt 28:18; Fil 2:9-11). Si bien el gobierno de Cristo no se ha manifestado completamente a la espera del *eschatón*, su derecho y dominio deben repercutir sobre todas las relaciones humanas, es decir, sobre el proceso político. James W. Jones, refiriéndose a la participación en el proceso político, pone en claro lo que significa participar en el proyecto histórico del Espíritu:

> El pueblo de Dios aún hoy es llamado a buscar la paz de la ciudad en la cual habita (Jer 29:7) y a dar testimonio del señorío de Jesucristo sobre la vida entera. Por consiguiente, una total separación del reino político de este mundo no es probablemente ni viable ni deseable. El proceso político puede servir a la relativa paz del mundo... El cristiano sabe que la actividad política no instaurará el Reino de Dios, ni socavará su tensión escatológica. El Reino, porque aún no ha llegado, se levanta por encima del estado humano de los asuntos y en contra de él. En consecuencia, la política no es su preocupación fundamental Su preocupación primaria debe ser el sometimiento al plan de Dios de llenar todas las cosas consigo mismo por su Espíritu. Pero la actividad política puede servir para cumplir el mandato bíblico de procurar la paz y proclamar el señorío del Cristo sobre todo.[32]

El desafío de participar del Reino de Dios implica que la iglesia pentecostal latina debe discernir las señales del reino de Dios en el mundo. Si bien ésta puede ser una tarea difícil y en ocasiones peligrosa, dada la experiencia de los latinos que sufren la explotación y la opresión en el mundo fuera de la iglesia, la necesidad de discernir la acción del Espíritu en el mundo y unirse al Espíritu en la lucha es parte del llamado de la iglesia, como testigo de la completa liberación del Reino. Justo L González, comentando acerca de la necesidad de los latinos de desarrollar una espiritualidad política, destaca la importancia de discernir las señales del reino de Dios.

> ...porque la humanidad no tiene otro futuro sino el Reino, los cristianos debemos saber que no tenemos un monopolio sobre toda señal del Reino. Porque Dios es el Rey, su voluntad se hará con nosotros, en nosotros, y hasta a pesar de nosotros... doquiera se alimenta al hambriento, se viste al desnudo o se visita al cautivo, Dios está presente, y hay señales de su Reino. La espiritualidad que tenemos que desarrollar consiste precisamente en aprender a ver esas señales, aun cuando no vengan de nosotros ni de la iglesia, y a unirnos a Dios en su acción en el mundo, en anticipo de su Reino.[33]

Por último, el desafío a ser parte del Reino consiste en entender que las señales del Reino de Dios son la obra del Espíritu en el mundo, para "detener" la maldad y "ayudar" a establecer las condiciones para un orden moral más justo y pacífico en todos los asuntos humanos. Anuncian una nueva época, un nuevo orden que ha irrumpido en la historia. Son obra de la gracia, el amor de Dios extendiéndose por el Espíritu para mantener y hacer humana la vida humana.[34] En palabras de Paul Lehmann:

> Debemos destacar que los indicadores que apuntan hacia lo que Dios está haciendo en el mundo son señales **éticas**. Lo que **indican** es que la política de Dios establece una diferencia discernible en el mundo, y la continua vivencia de la *koinonia* (iglesia) es el contexto dentro del cual se vuelve visible esta diferencia. La *koinonia* es la portadora en el mundo del misterio (secreto) y del poder transformador de la actividad divina por un lado y, por otro lado, es la portadora en el mundo del secreto (misterio) y el ingrediente de la madurez humana.[35]

Las instituciones y estructuras culturales y sociales deben ser vistas como terrenos legítimos, en los que se manifiesta la gracia de Dios para hacer y conservar humana la vida humana. De este modo, la tarea de la iglesia (*koinonia*) consiste en discernir la presencia de Dios, y "seguir las órdenes de movilización del Espíritu", que va delante de nosotros en la batalla. Si bien la iglesia sabe que sus acciones en el mundo no traen el Reino, como una "comunidad de exiliados y peregrinos"[36] se une fielmente al Espíritu para testificar acerca de su proyecto histórico.

El desafío de confrontar el pecado y la maldad estructural

El encuentro del Espíritu con los poderes define la lucha cósmica librada por la creación de Dios. El Espíritu como "el que detiene" (*to katechon*) y como "Ayudador" (*parakletos*) determina el marco de esta guerra. En la persona y la obra de Jesús, el "Cristo carismático", este enfrentamiento de poderes identifica la presencia del Reino de Dios (Mt 12:28). El encuentro de poderes espirituales alcanzó su cenit en la muerte de Jesús en la cruz: una aparente victoria del pecado y el mal. Por supuesto, a este hecho le siguieron la tumba vacía, la resurrección y, por lo tanto, la victoria. La cruz, vista al mismo tiempo como muerte y resurrección, señala el triunfo sobre los "poderes" (Col 2:15). El pecado y la maldad

fueron conquistados. Ya sea en su manifestación en la vida indivi-
dual-personal, ya sea en su existencia social (en estructuras e instituciones), los "poderes" fueron "desarmados", y sus
pretensiones idolátricas y demoniacas se vieron despedazadas.

Sin embargo, la iglesia aún esta involucrada en la amarga
lucha de los encuentros de poderes espirituales. En términos de
John Wimber:

> El establecimiento final y completo del Reino de Dios, con Cristo como
> cabeza, quedó asegurado en la resurrección, pero aún tenemos que realizar
> su cumplimiento en estos días en que vivimos... aún hay una guerra por
> pelear... debemos equiparnos y permitir que el poder del Espíritu entre en
> nuestra vida y obre por medio de nosotros para derrotar al enemigo.[37]

La tendencia de muchos, inclusive de Wimber, es ver esta lucha
en forma demasiado individualista, y no advertir que la guerra
militar debe corresponder a la geografía del mal: las estructuras
sociales de pecado y de maldad. La iglesia pentecostal latina debe
verse a sí misma no sólo como un *locus* para la liberación personal,
sino también como un *locus* para la liberación social. Deben observar que la trama de la vida social no hace distinciones fáciles entre
lo personal y lo social. Que más allá de la seguridad del culto –a
menudo más ilusoria que real–, más allá de las luchas individuales
y la extensión, hay estructuras e instituciones que deben ser enfre-
nadas con el poder del Espíritu. La misión de la iglesia incluye el
compromiso de librar una lucha de poderes contra las estructuras
de pecado y de maldad.

Nuestra confrontación responde a la naturaleza de las estructuras mismas. Por un lado, somos conscientes de su calidad de criaturas: son instituciones y estructuras hechas por los seres humanos
y para ellos, a pesar de su realidad *sui generis*. Por otro lado, somos
conscientes de su posible naturaleza demoníaca, su calidad de
"potestades". En un primer nivel de la lucha, esto significa que la
iglesia debe dar muestras –por medio de nuestro testimonio y
labor– del poder del Espíritu, a fin de quebrar las cadenas del odio,
la hostilidad y la injusticia encarnadas en ellas, introduciendo los
valores del Reino de Dios (es decir, amor, justicia, juego limpio) y
estableciendo en su lugar un "cadena de cambios", [38] que inmediatamente (por medio de un cambio radical o una revolución), o gra-
dualmente (a través de un mejoramiento múltiple y acumulativo o

de una reforma) humanice estas estructuras e instituciones. En otro nivel de la lucha, la iglesia debe testificar a los poderes demoníacos que operan tras bastidores, recordándoles su derrota en Cristo y la nueva época que se avecina. Este testimonio debe basarse en el poder del Espíritu y estar armado de "toda la armadura de Dios". (Ef 6:10-18). Jim Wallis lo declara de la siguiente forma:

> La iglesia demuestra la victoria de Cristo sobre los poderes, al recordarles que fueron creados como sirvientes, reprendiéndolos en su papel idolátrico como gobernantes, y resistiéndolos en sus pretensiones y propósitos totalitarios... No se nos pide que derrotemos a los poderes. Este es el trabajo de Cristo, quien ya lo ha hecho y continúa haciéndolo. Nuestra tarea es ser testigos y dar señales de la victoria de Cristo simplemente afirmándonos en nuestra fe y en nuestra creencia en contra de la seducción y la esclavitud de los poderes.[39]

El desafío de cumplir el papel profético y vocacional del bautismo en el Espíritu

El apoderamiento "carismático" del Espíritu ha recibido un énfasis singular y distintivo en el pentecostalismo. Los pentecostales latinos, lo mismo que otros, tienden a interpretar esta experiencia de un modo limitado. Si bien es cierto que el pentecostalismo ha sido reconocido como una poderosa fuerza en la evangelización, las misiones mundiales, el crecimiento de la iglesia y la espiritualidad, es igualmente cierto que sus servicios y voces proféticas en contra de las estructuras sociales pecaminosas y en pro de la justicia social han estado ausentes.

Para la mayoría de los pentecostales, hay cinco episodios en el libro de los Hechos que fijan el precedente bíblico del bautismo en el Espíritu Santo, y sobre ellos han construido "su distintiva teología en cuanto al don del Espíritu",[40] a saber, (1) Hch 2:1-13; (2) 8:14-19; (3) 9:17-18; (4) 10:44-46 y (5) 19:1-7. El alcance de este estudio no me permite entrar en diálogo acerca del tema metodológico de la "normatividad" para la teología de los registros históricos de Lucas. Sea como fuere, es importante notar la formidable apología que presenta Roger Stronstad en *The Charismatic Theology of St. Luke* (La teología carismática de San Lucas), en contra de Frederick Dale Bruner y James D. G. Dunn, autores de dos obras altamente influyentes acerca del bautismo del Espíritu.[41] Stronstad, en mi opinión, no sólo presenta un excelente caso del carácter teológico de la historiografía de Lucas y de su independencia teológica de la interpretación paulina, sino que, a través de un cuidadoso análisis del Antiguo Testamento, el período intertestamentario, la vida y la obra de Cristo (a quien llama "el Cristo carismático"), y la iglesia primitiva ("la comunidad carismática"), traza el propósito del bautismo en el Espíritu como un apoderamiento para el testimonio y el servicio. Declara:

> Para Lucas, el don del Espíritu tiene un propósito vocacional y prepara a los discípulos para el servicio. De este modo, está exento de cualquier connotación soteriológica y, en contra de lo dicho por Dunn, no significa que sea "el derramamiento del Espíritu de Dios el que haga a un hombre cristiano".[42]

Stronstad subraya aún más el potencial universal y el objetivo del bautismo en el Espíritu:

> En el tiempo del Antiguo Testamento, y aún en la era del evangelio, la actividad del Espíritu estaba restringida a líderes escogidos. Sin embargo, a partir de pentecostés, el don vocacional del Espíritu es potencialmente universal... En su bautismo, Jesús se convierte sin ejemplar en el portador del Espíritu, y en pentecostés, se vuelve el dador del Espíritu... con la salvedad de que la actividad vocacional del Espíritu es ahora potencialmente universal y su nuevo objetivo es la misión continua del Mesías, el don del Espíritu mantiene una continuidad con la manera en la cual Dios ha derramado siempre su Espíritu sobre sus siervos.[43]

Lo que reviste vital importancia y la *crux interpretum* relativa al bautismo del Espíritu es su propósito profético y vocacional, su alcance universal y egalitario y su enfoque misionero.

Las consecuencias éticas sociales para el pentecostalismo latino son importantes. Si bien el alcance universal y igualitario del bautismo en el Espíritu está presente en el culto, su propósito más amplio y su enfoque misionero en el servicio del proyecto histórico del Espíritu (reino de Dios) son limitadas. En el pentecostalismo latino, el bautismo en el Espíritu es visto como un apoderamiento para el servicio, que produce un profundo efecto sobre el creyente y lo dota de una tremenda intrepidez, un sentido intenso de santidad personal, y un nuevo sentido de dignidad y poder también personales.[44] Con todo, el enfoque estrecho y el propósito individualista implican una dispersión en el culto, o en cualquier otro lugar, de tanta energía –poder espiritual– que puede y debe ser "canalizada" para el objetivo misionero más amplio de la iglesia. La iglesia pentecostal latina dispone de los recursos espirituales para enfrentar los encuentros de poderes espirituales en nuestras luchas sociales. Si el "nuevo objetivo (del bautismo en el Espíritu) es la misión continua del Mesías",[45] y esto no puede restringirse a Mateo 28:18-20, ni a Marcos 16:15-18, ni aún a Hechos 1:8, entonces debe incluir, sobre todo, la visión misionera propia del Mesías (Lc 4:18-19).

El pentecostalismo latino, como la mayoría de las ramas del pentecostalismo, debe ver el cuadro más grande de la economía divina del Espíritu. El apoderamiento "carismático" del Espíritu se ve en las "señales y maravillas" válidas de la presencia del Reino. Resta, por lo tanto, el cumplimiento fiel del papel profético y vocacional del bautismo en el Espíritu.

Si vivimos por el Espíritu, andemos también por el Espíritu (Gl 5:25).

NOTAS

[1]Gustavo Gutiérrez, *Beber en su propio pozo* (Salamanca: Sígueme, 1984), p. 52.

[2]Vinson Synan, "Pentecostalism: Varieties and Contributions", p. 18.

[3]Paul A. Pomerville, *The Third Force in Missions: A Pentecostal Contribution to Contemporary Mission Theology* (Peabody, MA: Hendrickson Publishers, 1985), p. 12; para más de Keswick y la influencia reformada-bautista, véase, Edith L. Waldvogel, "The 'Overcoming' Life: A Study in the Reformed Evangelical Contribution to Pentecostalism", *PNEUMA*, primavera de 1979, pp. 7-19.

[4]Daniel Ramírez, "Antonio Castañeda Nova: Charisma, Culture, and Caudillismo", en James R. Goff Jr. y Grant Wacker, *Portraits of a Generation: Early Pentecostal Leaders* (Fayetteville: The University of Arkansas Press, 2002), p. 416; para más sobre el pentecostalismo unitario véase, Daniel Ramirez, "Borderlands Praxis: The Inmigrant Experience in Latino Pentecostal Churches", *Journal of the American Academy of Religion*, vol. 7, no. 3, (September 1999): pp. 573-596; Manuel J. Gaxiola, *La serpiente y la palma: Análisis del crecimiento de la Iglesia Apostólica de la Fe en Cristo Jesús de México* (South Pasadena, CA: William Carey Library, 1970) y para una perspectiva contraria véase, Gregory A. Boyd, *Oneness Pentecostals and the Trinity* (Grand Rapids, MI: Baker Book House, 1992).

[5]Vinson Synan, "Pentecostalism: Varieties and Contribution", pp. 5-7.

[6]Ibid., p. 5.

[7]Donald W. Dayton, *Raíces teológicas del pentecostalismo* (Buenos Aires: Nueva Creación, 1991), p. 123.

[8]Ibid., pp. 9, 131.

[9]Véase en el folleto "Artículo VI – Declaraciones de verdades fundamentales", *Concilio de Distrito Hispano del Este de las Asambleas de Dios, Constitución y Reglamento*, revisado en junio de 1966 (Nueva York: Distrito Hispano del Este, Asambleas de Dios, 1966), pp. 4-10.

[10]William K. Kay, *Pentecostalism: A very Short Introduction*, p. 60.

[11]Myer Pearlman, *Teología bíblica y sistemática* (Springfield, Missouri: Vida, 1958).

[12]John Thomas Nichol, *The Pentecostals* (Plainfield, N.J.: Logos International, 1966), p. 3.

[13]Carlos A. Valle, "Lo tradicional y lo nuevo" en Carlos A. Valle, ed., *Culto: crítica y búsqueda* (Centro de Estudios Cristianos, Methopress, Buenos Aires, 1972), p. 14.

[14]Orlando Costas, *El protestantismo en América Latina hoy: ensayos del camino* (1972-1974, INDEF, San José, Costa Rica, 1975), p. viii; véase también J. J. von Allmen, *El culto cristiano* (Sígueme, Salamanca, 1968); Oscar Cullmann, *La fe y el culto en la iglesia primitiva* (Stadium, Madrid, 1971).

[15]Gerald Sheppard citado por Charles W. Bell, "New York's Storefront Churches: Pulpits for the Poor", New York Sunday News Magazine, 21 de noviembre de 1982, p. 8.

[16]Orlando Costas, "La realidad de la iglesia latinoamericana", *El protestantismo en América Latina hoy*, p. 5.

[17]Piri Thomas, *Savior, Savior Hold my Hands* (New York: Doubleday, 1972), pp. 19-20.

[18]Matthew A. Elliot, *Faithful Feelings: Re-thinking Emotion in the New Testament* (Grand Rapids, M.I.: Kregel Publications, 2006); véase también la obra del filósofo Robert C. Solomon, *The Passions: The Myth and Nature of Human Emotion* (New York: Anchor/Doubleday, 1976).

[19]Samuel Solivan, *The Spirit, Pathos and Liberation: Toward an Hispanic Pentecostal Theology* (Sheffield, England: Sheffield Academic Press, 1998), p. 37; para más sobre la pasión divina véase, Abraham J. Heschel, *The Prophets* (New York: Harper & Row, 1962); para más sobre la pasión en la espiritualidad Pentecostal véase, Steven J. Land, *Pentecostal Spirituality: A Passion for the Kingdom* (Sheffield, England: Sheffield Academic Press, 1993).

[20]Renato Poblete y Thomas F. O'Dea, "Anomie and the 'Quest for Community': The Formation of Sects Among the Puerto Ricans of New York", p. 21; véase también, Arlene M. Sanchez Walsh, *Latino Pentecostal Identity: Evangelical Faith, Self, and Society* (New York: Columbia University Press, 2003).

[21]Ibid.

[22]Christian Lalive d'Epinay, *Haven of the Masses*, p. 194.

[23]Ibid, p. 194.

[24]Ibid., pp. 195-196.

[25]Paul A. Pomerville, *The Third Force in Missions*, p. 9.

[26]El concepto teológico *Spirit-Ethics* no es original de mi parte, aunque yo lo desarrollo abarcando una teología y ética pentecostal y evangélica. Para una versión luterana y liberal véase, Paul T. Jersild, *Spirit Ethics: Scripture and the Moral Life* (Minneapolis: Fortress Press, 2000).

[27]Véase, Gerhard Delling, "Stoicheo, Stoicheion", *Theological Dictionary of the New Testament, Vol. 7* (Grand Rapids, MI: Wm. B. Eerdmans, 1964), pp. 666-687; es muy sugerente la nota de Delling que expresa: "el uso militar hace una estricta diferenciación entre el uso de stoichos para aquellos ordenados uno detrás de otro, y de zugon para aquellos ubicados uno al lado del otro"; ibid., p. 666; ver también Fritz Rienecker, "Galatians 5:25", *A Linguistic Key to the Greek New Testament* (Grand Rapids, Zondervan), p. 518.

[28]Podríamos aun hablar de danzar en el Espíritu; nuestro peregrinaje ético debería ser llevado a cabo como una celebración. Ridderbos nos recuerda que "la palabra (stoicheo) se empleaba para un movimiento en una línea definida, como en una formación militar o en la danza"; Herman Ridderbos, *The Epistle of Paul to the Church of Galatians: The New International Commentary on the New Testament* (Grand Rapids, Eerdmans, 1970), citado por Fritz Rienecker, *A Linguistic Key to the Greek New Testament*, p. 518 (énfasis mío). Una presentación general y profunda que enfatiza el uso que hace Pablo de la metáfora de andar, para describir la vida moral del creyente aparece en J. Paul Sampley, *Walking Between the Times: Paul's Moral Reasoning* (Minneapolis, Fortress, 1991); véase también la excelente obra de Matthias Wenk, *Community Forming Power: The Social-Ethical Role of the Spirit in Luke-Acts* (Sheffield, England: Sheffield Academic Press, 2000).

[29]C. René Padilla, "El Evangelio y la responsabilidad social" en *El Evangelio hoy* (Buenos Aires: Certeza, 1975) p. 79 (énfasis de Padilla).

[30]Leonardo Boff, *Church: Charism and Power* (New York: Crossroad Publishing Company, 1986), p. 144.

[31]Ibid., p. 146.

[32]James W. Jones, *The Spirit and the World* (Nueva York: Hawthorn, 1975), pp. 73-74.

[33]Justo L. González, "Espiritualidad política", *Apuntes*, vol. 3, No. 1, primavera de 1983, pp. 8-9; ver también Justo L. González, "Spirituality and the Spirit of Mañana", *Mañana: Christian Theology from a Hispanic Perspective* (Nashville: Abingdon, 1990), pp. 157-163.

[34]Para una visión estimulante y profunda véase el capítulo de Paul Lehmann, "What God Is Doing in a World", Paul Lehmann, *Ethics in a Christian Context* (Nueva York: Harper and Row, 1963), pp. 74-101.

[35]Ibid., p. 112 (énfasis de Lehmann).

[36]Véase, Geoge W. Webber, *Today's Church: A Community of Exiles and Pilgrims* (Nashville: Abingdon, 1979).

[37]John Wimber, *Power Evangelism* (San Francisco, Cal.: Harper & Row, 1986), p. 21.

[38]Véase Mel King, *Chain of Change: Struggles for Black Community Development* (Boston, MA: South End Press, 1981).

[39]Jim Wallis, *Agenda for Biblical People* (New York: Harper & Row, 1976), pp. 48-49.

[40]Roger Stronstad, *The Charismatic Theology of St. Luke* (Peabody: Mass, Hendrickson, 1984), p. 5.

[41]Frederick Dale Bruner, *A Theology of the Holy Spirit: The Pentecostal Experience and the New Testament Witness* (Grand Rapids: Eerdmans, 1970); James D.G. Dunn, *El bautismo del Espíritu Santo* (Buenos Aires: La Aurora, 1977); una excelente exposición contra la postura de Dunn se encuentra en Howard M. Ervin, *Conversion – Initiation and the Baptism in the Holy Spirit* (Peabody, Mass.: Hendrickson, 1984).

[42]Roger Stronstad, *The Charismatic Theology of St. Luke*, p. 64.

[43]Ibid., p. 79 (énfasis mío). Es importante destacar que lo que está en discusión no es la glossolalia, como "evidencia inicial" del bautismo en el Espíritu, ni como un don para la iglesia, sino más bien el propósito del bautismo del Espíritu, entonces y ahora.

[44]Estos elementos son necesarios para todos, pero especialmente para los pobres y los oprimidos en nuestros barrios.

[45]Roger Stronstad, *The Charismatic Theology of St. Luke*, p. 79.

[46]Para más sobre la persona y obra del Espíritu Santo (pneumatología) véase: Gordon Fee, *God's Empowering Presence: The Holy Spirit in the Letters of Paul* (Grand Rapids, MI.: Baker Academic, 2009); Veli-Matti Kärkkäinen, *Pneumatology: The Holy Spirit in Ecumenical, International, and Contextual*

Perspective (Grand Rapids, MI: Baker Academic, 2002); Jurgen Moltmann, *The Spirit of Life: A Universal Affirmation* (Minneapolis, Minnesota: Augsburg, 1992); Clark H. Pinnock, *Flame of Love: A Theology of the Holy Spirit* (Downers Grove, Illinois: Intervarsity Press, 1996); y Craig S. Keener, *Gift and Giver: The Holy Spirit for Today* (Grand Rapids, MI: Baker Academic, 2001).

PARTE III
¿Quo vadis?

CAPÍTULO 6
¿Fuego santo o fuego extraño?

El crecimiento fenomenal y el impacto del pentecostalismo global es una verdad real e incuestionable. Para el pentecostal tal crecimiento e impacto es atribuido a su confianza en el poder sobrenatural del Espíritu Santo. El avivamiento pentecostal que ha tocado las iglesias cristianas ha sido acompañado por una nueva apertura a los dones y ministerios del Espíritu Santo. Lamentablemente, con la restauración de los dones milagrosos de la iglesia han surgido también reclamos falsos y enseñanzas falsas. La respuesta de la iglesia en tal escenario ha sido sabiamente escudriñar las Escrituras y retener lo bueno. En las palabras atinadas de Pablo, "No apaguéis al Espíritu. No menospreciéis las profecías. Examinadlo todo; retened lo bueno" (1 Ts 5:19-21).

El fuego es símbolo del Espíritu Santo. Pero no todo fuego es santo o aprobado de Dios –se tiene que discernir su origen. Los sacrificios (léase, ofrenda) de fuego en la Biblia, como las manifestaciones divinas por fuego, seguían un patrón divino y por lo tanto eran santos y santificadores.

Tres veces en el registro bíblico se nos habla del fuego extraño que ofrecieron los hijos de Aarón: Nadab (el primogénito) y Abiú (Lv 10:1-2; Nm 3:4 y Nm 26:61). "Pero Nadab y Abiú murieron cuando ofrecieron fuego extraño delante de Jehová" (Nm 26:61). El fuego extraño nos habla, en aquel entonces, como ahora, del mal o error de algunos que con buenas o malas intenciones pretenden presentar ofrendas o servicios (aquí léase, enseñanzas, prácticas y bendiciones) como legítimas o correctas, cuando en sí son extrañas o falsas.

La responsabilidad del líder o creyente es discernir, por la Palabra de Dios y el Espíritu Santo, el fuego santo del fuego extraño; y luego "apagar" dicho fuego fatuo.

La teología de la prosperidad

La teología de la prosperidad es un fuego extraño y, por tal razón, es una herejía. El término "herejía" es multifacético y complejo y lo uso con respecto a la teología de la prosperidad con "temor y temblor", "y aún ahora lo digo llorando" (Fil. 3:18).

Aunque hay varias maneras de definir la herejía, aquí quiero presentar la definición dada por Alister McGrath en su valioso libro, *Heresy: A History of Defending the Truth* (Herejía: Una historia de defendiendo la verdad).

> La herejía es mejor vista como una forma de la creencia cristiana que, más por causalidad que por el diseño, por último termina por derribar, desestabilizar, o hasta destruir el corazón de la fe cristiana. Tanto este proceso de la desestabilización como la identificación de su amenaza puede ser extendido durante un periodo amplio del tiempo.[1]

Teniendo en mente las palabras de McGrath, veremos que no cabe duda que la teología de la prosperidad es una herejía. En tal caso, aquí no se está cuestionando la sinceridad o motivación de sus predicadores y, aún menos, su salvación –sólo Dios sabe esto. Ni se cuestiona la realidad de que hay verdades en la teología de la prosperidad– ¡sí, Dios sana, prospera, y bendice! Ni tampoco se cuestiona su elemento pragmático e instrumental de inspirar, levantar el autoestima y hasta ayudar en la supervivencia de los pobres; aunque por un tiempo y con muchos desengaños. Lo que sí se cuestiona es su enseñanza y su prácticas a la luz de la Palabra de Dios. Es bueno considerar también que la herejía, según una definición popular, es una verdad exagerada, "sobre enfatizada" o llevada a un extremo; y por lo tanto, errónea y peligrosa a la fe cristiana. Aún más, corre el peligro de socavar otras verdades fundamentales de la fe.

La teología de la prosperidad tiene muchos nombres: "evangelio de la prosperidad", "teología del pacto", "teología de la siembra", "palabra-de-fe", "salud-y-riqueza", "nómbralo-y-reclámalo" y "confesión positiva", entre otros. Además, la teología de la prosperidad no refleja necesariamente una teología sistemática o formal; la verdad es que tiene muchos protagonistas, con muchos énfasis distintos.[2]

Lo que une por lo general a los "maestros de la prosperidad" es la enseñanza que la vida abundante del creyente en el **ahora** incluye salud y prosperidad material **sin límites**. Como creyente mi sanidad, bendición y prosperidad me pertenece; porque está **prometida** en la Biblia. Tal prosperidad está basada en una fe firme y no titubeante. Y, por lo tanto, la pobreza o la falta de salud es señal o símbolo de maldición o falta de fe. Además, Dios está **obligado** a responder a mi demanda.

Aquí quiero señalar sólo seis problemas bíblicos y teológicos típicos de la teología de la prosperidad y que en conjunto da razón por mi categorización de herejía.

1. **Un mal uso de la Biblia:** El uso de una hermenéutica selectiva que escoge palabras y pasajes arbitrariamente y lo enlaza en una declaración premeditada y autoritaria; tiende a seleccionar textos fuera de su contexto original e inmediato o del contexto mayor del canon bíblico. Por ejemplo, no interpretan los textos y pasajes del Antiguo Testamento dentro de su contexto original y la semántica de su lenguaje y para luego escudriñar y buscar su reinterpretación en el Nuevo Testamento, a la luz de la persona y obra de Jesucristo y de la realidad de la iglesia. No utilizan un buen diccionario bíblico, sino, muchas veces le dan la definición a una palabra usando un diccionario general y moderno. No se enseña "todo el consejo de Dios" (Hch. 20:27), por ejemplo: sobre la salud, la pobreza y riqueza, la prosperidad, el seguimiento de Cristo (el costo del discipulado), el "desierto", el sufrimiento y la cruz.

2. **Una teología sub-cristiana:** Tienden apelar a los apetitos no regenerados, materiales y carnales que lleva a la avaricia –la cual es *idolatría* (E. 5:5; Col 3:5). En fin, ofrece una "gracia barata" –que frustra la fe del creyente y la manifestación de la gracia Divina.

3. **Una escatología realizada:** Una postura que en el último análisis rompe la "tensión" bíblica y escatológica del "ya y todavía no" del Reino de Dios; a saber, la enseñanza de la realidad y poder presente del Reino de Dios, que espera su consumación en la venida de Cristo. La teología de la prosperidad es

una escatología realizada que desea disfrutar totalmente y ahora los poderes y beneficios de la edad venidera.

4. **Una teología sin un Dios soberano**: ¡Los "consoladores" de Job eran teólogos de la prosperidad! Su teología enseñaba que la persona que temía a Dios, con fe, íntegro y justo, su vida tendría que prosperar. En otras palabras, que la justicia y fe en Dios demandaba salud, riqueza y prosperidad (véase entre muchos textos, Job 8:6; 15:20-21, 29). Pero como bien sabemos, Job "era... hombre perfecto y recto temeroso de Dios y apartado del mal" (Job 1:1) y "me vestía de justicia, y ella me cubría; como manto y diadema era mi rectitud" (Job 29:14). Lo que le pasó a los teólogos de la prosperidad, "amigos" de Job es lo mismo que acontece con los teólogos de la prosperidad hoy día; sólo ven el drama del escenario delante de sus ojos y no lo que está detrás del telón. El Dios soberano no sólo conoce nuestras vidas, pero la guía a menudo por sendas misteriosas; no sabemos qué planes y diseños tiene Dios (detrás del telón) en nuestro sufrimiento, escasez y "pobreza".

5. **Una teología no-cristocéntrica**: La teología de la prosperidad no permite que la totalidad de la vida (enseñanza y ejemplo) y cruz de Cristo defina sus enseñanzas sobre la prosperidad. Tenemos que entender que Cristo no sólo es la "clave hermenéutica" del texto bíblico, sino también de nuestra vida; a saber, la llave interpretativa de la Palabra de Dios y del destino (léase, presente y futuro) del ser humano. Por eso el cristiano, al contrario del judío, lee el Antiguo Testamento a la luz de la vida y obra de Jesucristo. Jesús nos provee la "lupa" para leer y entender el "hablar de Dios" (véase, He 1:1-3), ya que en él "están escondidos todos los tesoros de la sabiduría y del conocimiento (Col 2:3). Aún más, como la Palabra de Dios encarnada, Cristo se convierte en el prototipo, paradigma y la persona que tenemos que imitar, en vida y muerte (Fil 1:21).

6. **Una teología de gloria y no theologia crucis**: La teología de la prosperidad presenta un Dios mejor conocido en "gloria", en el esfuerzo y la razón humana con sus logros y bendiciones y no en la debilidad y locura de la cruz. El "triunfalismo" de los protagonistas de la teología de la prosperidad –con sus lujos y riquezas– igualmente su excesivo énfasis de los triunfos, victorias y conquistas de la fe, disminuyen la grandeza y

misterio de la cruz. Pablo nos llama, "sed imitadores de mí, así como yo de Cristo" (1 Co 11:1). En el seguimiento de Cristo, el triunfo y gloria de Pablo era la cruz. "Pero lejos esté de mi gloriarme, sino en la cruz de nuestro Señor Jesucristo, por quien el mundo me es crucificado a mi, y yo al mundo" (Gá 6:14). El reto para todos los cristianos es vivir una vida **cruciforme**.

"Enemigos de la Cruz de Cristo": La respuesta de la Epístola a los Filipenses a la teología de la prosperidad

La Epístola de Pablo a los Filipenses es uno de mis libros favoritos de la Escritura. Sus cuatro capítulos son muy relevantes para la Iglesia de hoy.[3] Sobre todo, creo que tiene importantes lecciones para el líder o creyente en su encuentro con la teología de la prosperidad.

En esta carta a su amada iglesia en Filipos, el apóstol Pablo confronta una serie de problemas. Entre tales problemas el escribe sobre los muchos "teólogos de la prosperidad". Estas eran personas que tomaban en poco la cruz de Cristo y su significado para el creyente. Ellos abusaban de la gracia de Dios y predicaban una vida dada a satisfacer sus apetitos; y pensar en la "prosperidad" terrenal (material). Con lágrimas Pablo los llama "enemigos de la cruz de Cristo". Estas son las palabras pertinentes de Pablo:

> Hermanos, sed imitadores de mí, y mirad a los que así se conducen según el ejemplo que tenéis en nosotros. Porque por ahí andan muchos, de los cuales os dije muchas veces, y aún ahora lo digo llorando, que son enemigos de la cruz de Cristo; el fin de los cuales será perdición, cuyo dios es el vientre y cuya gloria es su vergüenza; que solo piensan en lo terrenal. (Fil 3:17–19).

La descripción de estos "teólogos de la prosperidad" es penosa. Pablo claramente señala su futuro: la perdición. Usando palabras figurativas y cortantes, describe a estas personas gloriándose en lo que se deben avergonzar, es decir, en un estilo de vida y unas enseñanzas dedicadas a satisfacer sus vientres (sus apetitos, sus deseos); ¡su dios! Además, señala una mentalidad obsesionada con lo terrenal (material): ¡"la prosperidad"! Hoy hablaríamos de predicadores viviendo y enseñando una vida dada a satisfacer (por supuesto, así no lo expresarían) "los deseos de la carne, los deseos de los ojos, y la vanagloria de la vida, (que) no proviene del Padre, sino del mundo" (1 Jn 2:16).

La respuesta de Pablo a los "teólogos de la prosperidad" en esta carta, como en sus otras cartas a la iglesia primitiva, es traer todo pensamiento a Cristo. Es en Cristo y su cruz que Pablo pone a lo largo de sus escritos –lo que ahora llamaríamos su teología– toda respuesta a los asuntos y problemas de sus iglesias. Como mi colega, el erudito del Nuevo Testamento, Gordon Fee decía, Pablo estaba "Cristo intoxicado". Verdaderamente, Pablo sí creía que Jesucristo era "el camino, y la verdad, y la vida" (Jn 14:6), y "en quien están escondidos todos los tesoros de la sabiduría y del conocimiento" (Col 2:3). La vida de Pablo y su teología era Cristo-céntrica.

La carta a los Filipenses es un tremendo tratado y llamado a vivir como Cristo, una vida a la luz de la cruz (cruciforme). Y, por lo tanto, es una clara respuesta y apología en contra de la teología de la prosperidad. Para lograr esta vida Pablo invita, exhorta, a una renovación de la mente del cristiano. Esta nueva mentalidad (*phronesis*) es la mente de Cristo. Éste es un reto que Pablo subraya a través de la epístola, y que él resume bien en el capítulo 2, versículo 5, cuando los exhorta a que "haya pues en vosotros este sentir (del griego, *phroneo*, que significa pensar, sentimiento, actitud o mentalidad) que hubo también en Cristo Jesús".

El erudito Wayne Meeks, en su comentario sobre Filipenses, nos recuerda que: "El propósito más comprensivo (o amplio) de esta carta es la formación de una phronesis cristiana, un razonamiento (o pensamiento) de moral práctica, que está conformado a la muerte (de Cristo) en esperanza de la resurrección".[4] Es importante señalar que esta *phronesis* cristiana, esta mentalidad cristiana, se refiere no sólo a los procesos o manera de pensar en sí mismo, sino también a las emociones, actitudes y estilo de vida resultante de dicho procesos. Este *phronesis* es un término paulino distintivo. Diez veces Pablo usa la palabra *phroneo* y sus variantes en los cuatro capítulos de Filipenses, a saber: Fil 1:7; 2:2 (dos veces); 2:5; 3:15 (dos veces); 3:19; 4:2; y 4:10 (dos veces).

Pablo sabe que para que su amada iglesia en Filipos pueda superar los falsos maestros, la discordia de adentro, y la persecución de afuera –y así poder "comportarse como es digno del Evangelio de

Cristo (Fil 1:27)" –les es imprescindible la renovación de la mente. ¡Ellos necesitan la mente de Cristo!

¿Cuál es esa *phronesis* o mente de Cristo? ¿Cómo se expresa esa mentalidad cristiana que Pablo subraya en la Epístola a los Filipenses? Según Filipenses 2:5–8:

> Haya pues, en vosotros este sentir que hubo también en Cristo Jesús, el cual siendo en forma de Dios, no estimo el ser igual a Dios como cosa a que aferrarse, sino que se despojo a si mismo, tomando forma de siervo, hecho semejante a los hombres; y estando en la condición de hombre, se humillo a si mismo, haciéndose obediente hasta la muerte, y muerte de cruz.

En este pasaje, en este himno y declaración de fe de la Iglesia Primitiva,[5] la *phronesis* de Cristo se manifiesta concretamente; ¡se encarna! Se expresa en una profunda postura que el griego, en el versículo 7, denomina como *kenosis*. Este *kenosis*, en este pasaje, es traducido en varias maneras. Por ejemplo, "se anonadó a sí mismo", "se despojó a sí mismo", o como dice la Nueva Versión Internacional, "se rebajó voluntariamente". El significado de *kenosis* o el "despojo" de Cristo ha sido un tema muy debatido en la cristología. Sin embargo, la mayor parte de los eruditos estarían de acuerdo con que a lo menos involucra un vaciarse o despojarse de ciertos prestigios, prerrogativas y poderes. Cristo toma la forma de hombre y de siervo –se encarna– y así se identifica con nosotros y nosotras y lleva a cabo la redención por la cruz.

Pablo, en el capitulo 2 de Filipenses, no solo nos reta a una *phronesis* y *kenosis* cristiana, sino también nos presenta un paradigma ejemplar. Nos presenta ejemplos de vidas cristianas que están dispuestas a rendir un servicio costoso, de vivir una vida sacrificada. Pablo presenta modelos de un estilo de vida, no de "prosperidad", sino de "cruciformidad". ¡En si modelos de la mente de Cristo!

Este paradigma ejemplar se puede bosquejar en términos de cuatro "S" o clase de servicio o vida sacrificada:[6]

1. Sacrificio del "soma" (o del cuerpo) – **Epafrodito**, 2:25–30
2. Sacrificio de lo suyo (o de sus propios intereses) – **Timoteo**, 2:19-22
3. Sacrificio de sí mismo – **Pablo**, 2:17–18
4. Supremo Sacrificio – **Jesucristo**, 2:5–11

El reto a la iglesia contemporánea, que va en contra de la mente de los "enemigos de la cruz de Cristo", es a desarrollar una mentalidad cristiana, a tener la mente de Cristo; a demostrar la *phronesis* por medio de una *kenosis*. Es de demostrar una mentalidad cristiana que está dispuesta a ejercitar un despojo de sí mismo, y así rendir sus prestigios, prerrogativas y sus poderes a favor de propósitos liberadores y redentores. La sociedad mira hacia la iglesia y quiere ver en nuestras vidas las señales de la cruz y no la búsqueda de comodidad, prosperidad, prestigio, poder o fama. Busca una vivencia que refleje a ese Maestro de Galilea que dejó su gloria en lo alto y se identificó con el pobre, con la viuda y el huérfano, con el enfermo y quebrantado, y con el pecador. Aquel que al fin subió a una cruenta cruz por nuestra salvación.

Termino con unas palabras de exhortación y de oración, palabras de Pablo a los romanos:

> Así que, hermanos (y hermanas), os ruego por las misericordias de Dios, que presentéis vuestros cuerpos en sacrificio vivo, santo, agradable a Dios, que es vuestro culto racional. No os conforméis a este siglo sino transformaos por medio de la renovación de vuestro entendimiento, para que comprobéis, cual sea la buena voluntad de Dios, agradable y perfecta (Ro 12:1–2).

Peligros y retos del camino

La tradición dice que cuando San Pedro salía de Roma, el Señor lo encaró con una pregunta penetrante: *¿Quo vadis?* (¿Adónde vas?). Al comienzo de un nuevo siglo y un nuevo milenio, es apropiado levantar esta pregunta otra vez, esta vez dirigida a los pentecostales: *¿Quo vadis*, pentecostalismo?

En pleno umbral del siglo 21 el pentecostalismo se encuentra con varios posibles caminos a tomar. Dada la diversidad y complejidad del pentecostalismo global, tales caminos ofrecen opciones distintas a las diferentes iglesias, concilios y denominaciones que componen la "familia" pentecostal. No hay un solo "camino de obediencia" aplicable a todas las iglesias del Espíritu. Cada concilio, denominación, o cada iglesia tiene que buscar la dirección del Espíritu si va a ser fiel a su llamado bíblico como iglesia en su contexto particular. Parafraseando al poeta español, Antonio Machado: "Iglesia pentecostal no hay camino, se hace camino al andar a la luz de la Palabra de Dios (Sal.119:105) y el Espíritu Santo (Ga 5:25)".

Aquí quiero presentar algunos peligros o retos del camino, que aunque se aplica a la mayoría de las iglesias pentecostales, dirijo más bien al pentecostalismo latino. Primero quiero comentar, aunque brevemente, algo sobre el movimiento apostólico.

Los movimientos apostólicos: En estos últimos años, especialmente en iglesias independientes, carismáticas y pentecostales, ha surgido el fenómeno de las redes apostólicas y la llamada "nueva reforma apostólica". C. Peter Wagner, Apóstol principal del International Coalition of Apostles (Coalición Internacional de Apóstoles) ha jugado un papel muy grande en este avivamiento.[7] Independientemente de Wagner, muchas iglesias latinas han revivido tal oficio o título en las iglesias, nombrando o ordenando a su líder o pastor como "apóstol". El tiempo y espacio no permite responder a este tema como merece. No obstante, quiero presentar algunas preocupaciones a través de varias preguntas.

¿Cuál es la base bíblica de la proliferación (algunos dirían, abuso) de tal ministerio?

¿Qué "espíritu" anima el deseo de ser apóstol?

¿Es el apóstol una función ministerial o un oficio de título?

¿Por qué la mayoría de los apóstoles hoy son pastores de iglesias locales y no "enviados", "mensajeros", "agentes" o "delegados", según el uso de la palabra griega en el Nuevo Testamento"

En otras palabras, ¿por qué no funcionan como enviados al campo misionero, yendo a levantar o plantar iglesias en terrenos vírgenes?

¿Por qué Pablo no dirige ni siquiera una de sus epístolas, de las muchas que escribió, a un apóstol?

¿Dónde están las señales, prodigios y milagros de los nuevos apóstoles? Según Pablo, "Con todos, las señales de apóstol han sido hechas entre vosotros en toda paciencia, por señales, prodigios y milagros" (2 Co. 12:12).

¿Por qué los apóstoles no fueron invitados cuando Pablo "hizo llamar a los ancianos de la iglesia" (Hch 20:17) en su despedida en Mileto?

¿Qué autoridad tiene un apóstol sobre otras iglesias hoy día?

¿En qué medida los nuevos apóstoles llenan el curriculum vitae o criterios de apóstol según Pablo en 2 Co 11:23-33 y 2 Co 12:12?

Mi *caveat* (salvedad): Yo creo en el ministerio apostólico según Efesios 4:11-16. Pero creo, en vista de mis preocupaciones notadas y el canon bíblico, que es un ministerio funcional, de carácter humilde y sufrido, limitado a muy pocos, "misionero", y definido por los criterios de Efesios 4:12-16 y 2 Corintios capítulos 10 – 13.[8]

Ahora quiero señalar otros peligros, aunque en realidad son retos del camino, que el pentecostalismo latino enfrenta.[9] Entre ellos se encuentran los siguientes: (1) El **legalismo** existente y la necesidad de la enseñanza y práctica de una **santidad** bíblica; (2) el lugar de las **"lenguas"** (el debate sobre la señal inicial del bautismo en el Espíritu Santo); (3) **el rol de las mujeres** en el ministerio (sobre todo, en poder ocupar las posiciones máximas de las iglesias); (4) superar la seducción de la **teología de la prosperidad**, el **materialismo**, el **"cautiverio cultural"**, y el **individualismo**; (5) la **escatología**, cuestionando la hegemonía de las teologías "dispensacionistas"; (6) el desarrollo de una eclesiología bíblica y pentecostal que supere el "culto a la personalidad", y que responda a aquellos caudillos o caciques que aparentemente no dan cuentas a nadie; (7) el **enamoramiento con la "mega-iglesia"**, como si el objetivo principal de la iglesia es crecer numéricamente. ¿Qué del crecimiento: "espiritual", el discipulado, el alcance evangelístico y misionero, y el servicio de justicia social, estructural y organizacional, entre otras?; (8) la búsqueda de la **unidad**, sobre todo, la unidad entre la hermandad pentecostal; (9) superar el **anti-intelectualismo** que todavía domina muchas iglesias; (10) el desarrollo de una **ética social**, una consistente con el entendimiento de "El Espíritu Liberador" y justicia, lo que plantea la cuestión sobre el nivel de participación política y el desarrollo de una "espiritualidad política"; (11) el **ecumenismo**, en el espíritu positivo de Mr. Pentecost, David du Plessis, Jack Hayford y de Juan Sepúlveda al abrirse paso con otras iglesias cristianas, determinando el nivel de participación y superando las acusaciones de proselitismo; (12) las **religiones**, estableciendo diálogo e identificando, de ser posible, puntos apropiados de trabajo mutuo y para el bienestar cívico; (13) la práctica o uso corriente de los carismas a la luz del consejo bíblico (por ejemplo, 1 Corintios capítulos 12, 13 y 14); (14) el estudio serio de la **Escritura** y la **teología bíblica** dado al creciente "analfabetismo bíblico y teológico"; y (15) el desarrollo del **liderazgo** –aquí se puede hablar del desafío educativo, la educación teológica y el desarrollo de una teología pentecostal y ética que es bíblica, y coherente con sus mejores expresiones tradicionales, y consistente con su experiencia del Espíritu. Esto significa la necesidad de desarrollar un nuevo grupo de líderes teológicamente educados con una identidad pentecostal sólida, un espíritu ecuménico, y preparados para enfrentar los desafíos de la globalización y un mundo postmoderno.

NOTAS

[1]Alister McGrath, Heresy: *A History of Defending the Truth* (New York: Harper One, 2009), pp. 11-12; véase también, Justo L. González and Catherine Gunsalus González, *Heretics for Armchair Theologians*, illustrations by Ron Hill (Louisville: Westminster John Knox Press, 2008).

[2]Entre las muchas obras que refutan la teología de la prosperidad, véase, Gordon Fee, *The Disease of Health and Wealth Gospels* (Vancouver, British Colombia: Regent College Publishing, 1985, 2006); Martín Ocaña Flores, *Los Banqueros de Dios: Una aproximación evangélica a la Teología de la Prosperidad* (Lima Perú: Ediciones Puma, 2002); Milmon F. Harrison, *Righteous Riches: The Word of Faith Movement in Contemporary African American Religion* (New York, N.Y.: Oxford University Press, 2005); Simon Coleman, *The Globalization of Charismatic Christianity: Spreading the Gospel of Prosperity* (Cambridge, UK: Cambridge University Press, 2000); Hank Hanegraaff, *Cristianismo en Crisis*, Siglo 21 (Nashville, Grupo Nelson, 2010); H. Terris Neuman, "Cultic Origins of Word-Faith Theology Within the Charismatic Movement", *PNEUMA: The Journal of the Society for Pentecostal Studies*, 12, 1 (Spring 1990), pp. 32-55.

[3]Entre las muchas obras, véase, Gordon Fee, *Comentario de la Epístola a los Filipenses* (Barcelona: Editorial CLIE, 2004); Efrain Agosto, "Paul vs. Empire: A Postcolonial and Latino Rending of Philippians", *PERSPECTIVAS* (occasional papers, Fall 2002); Karl Barth, *The Epistle to the Philippians* (Atlanta: John Knox Press, 1962); John Reamann, *Philippians*, The Anchor Yale Bible (New Haven, CT: Yale University Press, 2008); Peter O'Brien, *Commentary on Philippians*, NIGTC (Grand Rapids, MI: Wm. B. Eerdmans, 1991); y Evis L. Carbollosa, *Filipenses: Un Comentario Exegético y Práctico* (Revisado y ampliado), (Grand Rapids, MI: Editorial Portavoz, 1991).

[4]Wayne A. Meeks, "The Man from Heaven in Paul's Letter to the Philippians" en *The Future of Early Christianity: Essays in Honor of Helmut Koester*, ed. Bieger Pearson (Minneapolis, MI: Fortress Press, 1991), p. 333.

[5]Véase, Gordon Fee, "Philippians 2:5–11: Hymn or Exalted Pauline Prose?", *Bulletin for Biblical Research*, Vol. 2 (1992), pp. 29 - 46; y Paul D. Feinberg, "The Kenosis and Christology: An Exegetical-Theological Analysis of Phil. 2:6-11", *Trinity Journal* 1 (1980), pp. 21-46.

[6]Para dos excelentes obras sobre el discipulado costoso y la vida cruciforme, véase Dietrich Bonhoeffer, *El precio de la gracia. El seguimiento* (Salamanca: Ediciones Sígueme, 2004 (1937); y Michael J. Gorman, *Cruciformity: Paul's Narrative Spirituality of the Cross* (Grand Rapids, MI: Wm. B. Eerdmans, 2001).

[7]Sobre el movimiento apostólico véase, C. Peter Wagner, *Apostles Today* (Ventura, CA: Regal Books, 2006); David Cannistraci, *Apostles and the Emerging Apostolic Movement* (Ventura, CA: Renew Books. 1996).

[8]Las siguientes obras cuestionan y/o presentan una perspectiva bíblica balanceada sobre el ministerio apostólico: Orrel Steinkamp, "The New Apostolic Reformation", *Thy Word is a Lamp to my Feet*, http://members.ozemail.com.au/~rsea-

born/New_Apostolic_Reformation.html (accessed 12/5/2011); Apostles and Prophets, Assemblies of God position paper (Springfield, MO: Gospel Publishing House, 2001); y John P. Lathrop, Apostles, Prophets, Pastors, and Teachers: Then and Now (Xulon Press, www.xulonpress.com, 2008).

[9]Véase las siguientes obras con respecto a los asuntos y desafíos que confronta la iglesia pentecostal, Samuel Soliván, "Cinco Retos: Peligros que la Iglesia enfrenta hoy", *Centro de Reflexión Teológica*, por Jules Martinez, http://theodrama.com/2011/03/26/centro-de-reflexion-teologica-cinco-retos-para-la-iglesia-... (accessed 12/5/2011); Dr. Antonio Cruz, *El Cristianismo en la Aldea Global: Cómo responder desde la fe a los retos del mundo actual* (Miami, Florida: Editorial Vida, 2003); Eric Patterson and Edmund Rybarczyk, editores, *The Future of Pentecostalism in the United States* (Lanham, MD: Lexington Books, 2007); Allan H. Anderson y Walter J. Hollenweger, editores, *Pentecostals after a Century: Global Perspectives on a Movement in Transition*, Journal of Pentecostal Theology Supplement Series 15 (Sheffield, England: Sheffield Academic Press, 1999); Steven M. Studebaker, editor, *Defining Issues in Pentecostalism: Classical and Emergent* (Eugene, Oregon: Pickwick Publications, 2008); y Vinson Synan, editor general, *Spirit-Empowered Christianity in the 21st Century* (Lake Mary, Florida: Charisma House, 2011).

Apéndices

El poder del Espíritu Santo y los poderes:Una meditación bíblica

Hechos 13:1 – 12

Introducción

El legado singular de la Iglesia Cristiana del siglo 20 al siglo 21 es el "redescubrimiento" de la persona y obra del Espíritu Santo. Es un legado que subraya la urgencia del poder del Espíritu Liberador a favor de una espiritualidad y misión integral del reino de Dios. También es un legado cuyas raíces se extienden a la historia de la acción del Espíritu Santo como el singular factor en la vida y misión de la Iglesia Primitiva, según el libro de Los Hechos. En tal narración Lucas nos recuerda que a cada paso del avance del Evangelio el Espíritu Santo está presente para escoger (Hch 1:1-2; 2:38-39; 6:1-7; 11:15-18; 13:1-2; 20:28; 28:25-28), enviar (Hch 1:8; 5:27-32; 8:29, 39; 10:19-20; 11:12; 13:4; 16:6-10; 20:22-23), y equipar (Hch 1:8; 2:4; 4:29-33; 10:38; 13:6-12) su Iglesia. El poder del Espíritu Santo se manifiesta en múltiples sanidades, señales y prodigios (Hch 2:1-13, 42-47; 3:6-8; 4:33-37; 5:12, 15, 16, 19; 6:8; 8:39-40; 9:32-43; 11:27-28; 12:7; 13:9-12; 14:3; 15:12; 16:25-26; 19:11-12; 21:10-11; 28:1-10) que dan "testimonio del evangelio de la gracia de Dios" (Hch 20:24), por medio de nuestro Señor Jesucristo.

Al mismo tiempo es importante notar que a cada paso del avance del Evangelio los testigos de Jesucristo tienen que confrontar "poderes" que se oponen (Hch 4:1-3; 5:1-10, 17, 18; 6:9-10; 7:51-53; 8:1, 9-24; 12:1-5; 13:50-52; 16:19-21; 18:9-10; 19:23-41; 21:27-36; 23:12-22).

Este pasaje de Hechos 13 nos presenta un cuadro informativo y vital para la Iglesia. Este pasaje de gran valor misionológico nos servirá de caso paradigmático para señalar algunas enseñanzas sobre el poder del Espíritu Santo y los poderes.

El Espíritu escoge: El poder del llamado del Espíritu de Dios

La iglesia de Antioquía fue una iglesia fundada bajo el crisol de la persecución (Hch. 11:19). Es en Antioquía donde los discípulos son llamados cristianos por primera vez (Hch. 11:26) y también donde formalmente Pablo comienza su primer viaje misionero.

La iglesia de Antioquía es una verdadera *koinonia* del Espíritu; una comunidad **formada** por el Espíritu y una comunidad **informada** por el Espíritu. Lucas nos dice que había profetas y maestros "en la iglesia que estaba en Antioquía" (v. 1). Pablo, más tarde, nos enseñará que ellos eran dones de Cristo a su iglesia con el "fin de perfeccionar a los santos para la obra del ministerio, para la edificación del cuerpo de Cristo" (Ef. 4:12). Es interesante observar que "la lista de profetas y maestros ya era simbólica de la misión universal del Evangelio", pues eran "hombres de muchas tierras y culturas [que] habían descubierto el secreto de la unidad porque habían descubierto el secreto de Cristo".[1]

La adoración y el llamado de Dios

Lucas registra que mientras ministraban al Señor y ayunaban el Espíritu Santo les habla y pide que aparten a Bernabé y a Saulo "para la obra que los he llamado" (v. 2). Como nos recuerda el erudito F.F. Bruce, "En el Nuevo Testamento hay indicaciones de que los cristianos eran especialmente sensibles a las comunicaciones del Espíritu mientras ayunaban".[2] Y yo le añadiría, mientras adoraban.

La ministración o adoración, ya que la palabra que se traduce por "ministrar" (v. 2) es la misma de la cual se deriva el término moderno "liturgia", parece indicar que fue en el culto que el Espíritu Santo habló. La adoración al Señor siempre ha provisto un contexto ideal para el llamado de Dios (véase, por ejemplo, a 1 S 3:1-21 e Is 6:1-8).

La adoración refleja la gracia amorosa de Dios **con** y **en** su pueblo. Es en el último análisis la expresión más profunda y recíproca del creyente y Dios en una relación amorosa. La adoración es una relación del amor de Dios que señala a la misma naturaleza de Dios (1 Jn 4:7-21), y al plan de Dios con su creación (Jn 3:16). El Dios de gracia amorosa que escoge y envía a Bernabé y a Saulo en misión es el Dios que desde el principio ha escogido para sí invitar a sus criaturas a una relación de amor.

El llamado del Espíritu es vinculado al envío o misión de Dios (*missio Dei*) de crear un pueblo para sí; un pueblo donde Él habita y con quien tiene comunión íntima (1 Jn 4:16). Tal llamado del Espíritu de Dios, a comunión divina, responde a la naturaleza del Dios trino, a saber, a una "ontología relacional".

La ontología relacional y el llamado de Dios

Dios es una comunidad de personas –Padre, Hijo y Espíritu Santo– un solo Dios en tres personas. El Espíritu es la persona de unidad, de vínculo, que une el Padre al Hijo, el Padre al Espíritu, y el Hijo al Espíritu; y que une a los tres en uno. Agustín y otros nos hablan de la relación del Espíritu con el Padre y el Hijo como *vinculum amores* (vínculo de amor). Juan de la Cruz nombra al Espíritu, "una viva llama de amor".

El Dios trino es una *koinonia*, una comunión que en su gracia amorosa se extiende a crear y llamar a un pueblo para sí. Pablo, en uno de esos trozos escriturales de gran riqueza teológica, reza:

> Bendito sea el Dios y Padre de nuestro Señor Jesucristo, que nos bendijo con toda bendición espiritual en los lugares celestiales en Cristo, según nos escogió en él antes de la fundación del mundo, para que fuésemos santos y sin mancha delante de él, en amor habiéndonos predestinado para ser adoptados hijos suyos por medio de Jesucristo, según el puro afecto de su

voluntad, para alabanza de la gloria de su gracia, con la cual nos hizo acep-
tos en el Amado... (Ef 1:3-6).

Nosotros como pueblo de Dios participamos de ese "amor de
Dios [que] ha sido derramado en nuestros corazones por el Espíritu
Santo" (Ro 5:5). Y como pueblo de Dios participamos en su "comunión amorosa" (1 Jn 4:7, 8, 16), una comunión que se le ha llamado
"¡el baile de Dios!"[3.]

Mientras la iglesia en Antioquía ministra, adora, está en comunión con el Señor, es que el Espíritu Santo escoge (aparta). El llamado de Dios a la iglesia está vinculado a e informado por su
comunión divina. La *koinonia* divina se manifiesta concretamente en
la koinonia del Espíritu, su Iglesia. El Espíritu Santo es el que "llama
a ser" a la iglesia y el que la separa, aparta, o escoge para sí y para
su obra.

Bernabé y Saulo son prototipos y representantes de ese llamado
de Dios a su pueblo. Un pueblo llamado a vivir y andar en amor (Ef
5:1-2; 1 Jn 4:7-21), y un pueblo llamado a vivir y proclamar, "el evangelio de la paz por medio de Jesucristo, éste es Señor de todos" (Hch
10:36). Pedro, con lujo de detalles, anuncia la nobleza y grandeza
del **llamado**:

> Mas vosotros sois linaje escogido, real sacerdocio, nación santa, pueblo
> adquirido por Dios, para que anunciéis las virtudes de aquel que os llamó
> de las tinieblas, a su luz admirable (1 P 2:9).

El Espíritu envía: El poder del Espíritu en la misión de Dios

En nuestro pasaje podemos observar que después de ayunar, orar
e imponer las manos –acciones y medios de gracias en el discernimiento y confirmación de la voluntad divina– la iglesia de Antioquía "despide" a Bernabé y a Saulo (v.3). Es importante señalar que
la imposición de manos no les impartía a ellos ningún don o autoridad espiritual, sino que expresaba la comunión (*koinonia*) de la
iglesia con sus delegados o "apóstoles".[4] Una *koinonia* que despedía
a dos de sus profetas y maestros con sus bendiciones. Ellos fueron
"encomendados a la gracia de Dios para la obra que habían [de cum-
plir]" (Hch 14:26). Tal comisión confirmaba el llamado del Espíritu

a Bernabé y a Saulo y los comprometía a dar cuenta a la *koinonia* de Antioquía de su misión (Hch 14:26-27). Es notable cómo Lucas subraya que ellos fueron "enviados" por el Espíritu Santo y no simplemente "despedidos" por ellos (Hch 13:4). El Espíritu Santo no sólo es el que **escoge** (v. 3), sino también es el que **envía** (v. 4).

Cristología de Espíritu ("Spirit-Christology") y la misión de Dios

Aquí se nota el papel singular del Espíritu en la misión de Dios. El Espíritu Santo es la fuente de nuestra misión. Lucas, a lo largo de sus escritos, claramente señala que el Espíritu es quien inicia la misión (Hch 13:2-4), dirige la misión (Hch 8:29; 16:6-10), y da poder para cumplir la misión (Lc 24:45-49; Hch. 1-8). Una misión que siempre ha involucrado a el Dios trino, ya que la "misión no es ante todo una actividad de la iglesia, sino un atributo de Dios". Nuestro Dios es un Dios misionero.[5]

Es evidente en los Evangelios que también "el poder del Espíritu en la misión de Dios" se manifestó en la vida y misión de nuestro Señor Jesucristo. Tenemos que recordar que es en el paradigma de Jesús donde se ve claramente la vinculación del Espíritu Santo con Jesús en la misión de Dios. Vinculación que señala en la vida y misión de Jesús muchos elementos y eventos que sus discípulos experimentarían en los "hechos del Espíritu" a través de la historia. En otras palabras, hay una "cristología de Espíritu" que nos habla del papel significativo del Espíritu Santo en la vida y obra de Jesucristo. Tal "cristología del Espíritu" nos ayuda a entender la misión del Dios trino, revelada en Jesús y continuada por la *koinonia* del Espíritu, su cuerpo.[6]

El Evangelio nos revela al Espíritu Santo trabajando activamente en toda fase de la vida y misión de Jesús. El Espíritu está presente y vinculado con Jesús en su nacimiento (Lc 1:35), bautismo (Mt. 3:16), tentación (Mt 4:1), predicación (Lc 4:18-19); liberaciones (Hch. 10:38), muerte (Heb 9:14) y resurrección (Ro. 1:4).

También podemos señalar, por ejemplo, que es por el poder del Espíritu que Jesús fue Escogido y Ungido (Lc 1:35; 2:26; 3:21-22; 4:18; Hch. 10:38); Enviado (Jn. 3:34; Lc 4:18-19); Equipado (de poder) (Lc 4:14, 18-19; Mt 12:28; Hch 10:38).

Sin lugar a duda, la misión de Jesús es una misión de unción del Espíritu:

> El Espíritu del Señor está sobre mí, por cuanto me ha ungido para dar buenas nuevas a los pobres; me ha enviado a sanar a los quebrantados de corazón; a pregonar libertad a los cautivos, y vista a los ciegos; a poner en libertad a los oprimidos; a predicar el año agradable del Señor (Lc 4:18-19).

El reino y la misión de Dios

En la vida y obra del Cristo carismático (Jn 3:34; Mt 12:28) la misión de Dios se encarna. Y para Jesús el "reino de Dios es el punto de partida y contexto de [esa] misión".[7] El reino de Dios (*basileia tou Theou*) es central a la misión de Jesús. Mucho se ha dicho y escrito sobre el reino de Dios, que fundamentalmente nos habla del gobierno, de la soberanía y del señorío de Dios sobre su creación.

En la confrontación con los fariseos en Mateo 12:28 Jesús atestigua la presencia del Reino al echar fuera los demonios por el poder del Espíritu de Dios. Como afirma C. René Padilla:

> El reino de las tinieblas que corresponde a "este siglo" ha sido invadido; el "hombre fuerte" ha sido desarmado, conquistado y saqueado (Mt 12:29; Lc. 11:22)... En otras palabras, la misión histórica de Jesús sólo puede entenderse en conexión con el Reino de Dios. Su misión aquí y ahora es la manifestación del Reino como una realidad presente en su propia persona y acción, en su predicación del evangelio y en sus obras de justicia y misericordia.[8]

El Evangelio del Reino es la buena noticia de que en la vida, la muerte y la resurrección de Cristo, el reinado de Dios se manifiesta en los acontecimientos físicos e históricos de las personas –atadas y obstaculizadas por fuerzas demoníacas– ahora capaces de experimentar una total liberación del Espíritu. La salvación de Dios en Cristo afecta a la persona en su totalidad, tanto espiritual como física, y en su realidad histórica concreta. Nada queda exento del Reino de Dios. Por eso es que un Evangelio integral vive y proclama una justicia personal y social. Aunque vivimos en el **todavía no** de la plenitud del cumplimiento del Reino, que aguarda la *parusía* en el futuro, continuamos compartiendo la misión liberadora de Jesús. Obedientes a su Palabra que nos reta, "Como me *envió* el Padre, así también yo os **envío**" (Jn 20:21).

Es de suma importancia notar aquí que la experiencia del bautismo en el Espíritu de la iglesia primitiva (Hch 2) fue interpretada como una continuación de la misión de Jesús en el poder del Espíritu. Las "señales y prodigios" atestiguan su participación en el **ahora** pero **todavía no** de la irrupción del Reino de Dios. Joel 2:28-29 fue interpretado como la promesa de los tiempos **finales**, "el principio del fin". La iglesia primitiva se percibía a sí misma como una comunidad escatológica. El derramamiento del Espíritu reúne en el Reino de Dios a la comunidad del Espíritu.[9]

El Espíritu equipa: El poder del Espíritu de Dios contra los poderes

Bernabé y Saulo, enviados por el Espíritu, parten de Antioquía rumbo a la isla de Chipre (v. 4). Para Bernabé, oriundo de Chipre (Hch 4:36), era quizás natural el deseo de comenzar la misión en esta provincia romana. Chipre era famosa por sus minas de cobre y contaba con una importante comunidad judía. Al llegar a Salamina, y teniendo a Juan Marcos como ayudante, Lucas nos informa que predicaron en las sinagogas (v. 5). No mucho más nos dice Lucas sobre la obra en Salamina, aunque es importante notar que la práctica de ir a la sinagoga judía establece un patrón estratégico paulino para la mayoría de su subsiguiente ministerio evangelístico.[10]

Desde Salamina, Bernabé y Saulo atraviesan la isla hasta llegar a Pafos, la capital romana de Chipre (v. 6). Es aquí donde Lucas fija nuestra atención en uno de los más significantes e instructivos "encuentro de poderes espirituales" del Nuevo Testamento.

Pablo confronta los "poderes" en Barjesús

La escena que pinta Lucas es dramática y provocativa y muy bien conocida. Había en Pafos un tal mago, falso profeta, y judío de nombre Barjesús (v. 6), a quien también llamaban Elimas (v. 8). Barjesús pertenecía al entorno del procónsul Sergio Paulo, gobernador de Chipre, y resistía a Bernabé y a Saulo en compartirle el Evangelio.

En juego no estaba sólo la conversión y liberación del procónsul Paulo, ya que él "deseaba oír la Palabra de Dios" (v. 7), sino también el testimonio y posible apertura de toda esta región al Evangelio. El resultado de este encuentro lo conocemos bien. Saulo, llamado por su *cognomen* romano Paulos (Pablo), por primera vez aquí por Lucas, confronta a Barjesús. Este "brujo", que se había opuesto "a la verdad, se había mostrado como un hijo del diablo, más que un hijo o un seguidor de Jesús, como podría sugerir su nombre Barjesús".[11] Pablo, "lleno del Espíritu Santo" (v. 9), fija sus ojos en Barjesús y discierne que ésta no es una mera confrontación humana. Y luego pronuncia el juicio divino sobre Barjesús. Una versión traduce el juicio de la siguiente manera. "Ahora mismo, ¡fíjate!, el Señor te da una bofetada, y te vas a quedar ciego e incapaz de ver la luz del sol por algún tiempo. E inmediatamente cayó sobre él la más densa oscuridad, e iba a tientas buscando alguien que lo llevara de la mano" (v. 11).[12]

La oposición de Barjesús resultó en una "bofetada" del Señor, así desmascarando la realidad existente. Porque la raíz de la oposición de Barjesús se debía mucho más que al temor de perder su privilegio de corte, sino a las fuerzas diabólicas operando en él. En Hechos 13:10 Lucas cita las palabras de Pablo, quien inspirado por el Espíritu, describe no sólo a Barjesús y la naturaleza de su esclavitud espiritual, sino también la naturaleza de los "poderes" malignos.

El versículo 10 dice: "¡Oh, lleno de todo engaño y de toda maldad, hijo del diablo, enemigo de toda justicia! ¿No cesarás de trastornar los caminos rectos del Señor?"

Podemos señalar cuatro elementos de este versículo que nos proveen "un paradigma de los poderes". Lo presento en el siguiente esquema:

Paradigma de los poderes

Parentela – hijo del diablo
Perfil moral – lleno de todo engaño y de toda maldad
Propósitos malignos – enemigo de toda justicia
Proyectos metódicos – trastornar los caminos rectos del Señor

En pocos versículos Lucas nos presenta un cuadro clásico de la confrontación, no simplemente de Pablo contra Barjesús, sino del poder del Espíritu de Dios contra los poderes diabólicos del mundo de tinieblas. Representa un cuadro que afirma que aquellos a quienes el Espíritu **envía** en misión también el Espíritu **equipa** con poder.

La iglesia confronta los "poderes" en el poder del Espíritu

A lo largo del libro de los Hechos, Lucas narra la historia del avance del Evangelio y los "poderes" que se oponen (véase citas en la introducción). Varias preguntas surgen: ¿Cuáles o quiénes son estos "poderes"? ¿Cómo se manifiestan? ¿Cuál es nuestra postura frente a ellos?

En el libro de los Hechos, al igual que en los Evangelios, la realidad de los "poderes" se dan por sentado. Son parte de una cosmología bíblica que trasciende los límites de la modernidad y su esclavitud al materialismo científico. Las manifestaciones personales de los "poderes" se ven, quizás fácilmente, en casos de individuos; por ejemplo, los endemoniados gadarenos (Mt 8:28), Simón Mago (Hch 8:9-24) y Barjesús (Hch13:6-12). Sin embargo, es en los casos sociales y políticos (eg. Hch 5:1-10; 12:1-5; 16:37-40) donde el discernimiento del Espíritu es mucho más necesario si vamos a "ver" la realidad de los "poderes" y su fuente malvada en Satanás, a quien la Biblia presenta como el príncipe o gobernador de ese orden social opositor (cosmos) en contra de Dios y de los propósitos de Dios para la humanidad. Y que ya vemos en los Evangelios que la propia misión de Jesús, aún su muerte en la cruz, incluía el juicio sobre el príncipe de este "imperio maligno" (Jn 12:31; 16:11).

Es en los escritos de Pablo que nos damos con el pensamiento más amplio de los "poderes". Pablo, en varios versículos y pasajes bíblicos, describe una realidad que va mas allá de lo personal y que en los últimos años le ha llamado la atención a muchos eruditos bíblicos, teólogos y eticistas.[13] Los pasajes paulinos más sobresalientes y claves para una mejor comprensión de los "poderes" son Romanos 8:38-39;13:1-2ª; 1 Corintios 2:6-8; 15:24-26; 2 Corintios 10:3-4; Efesios 1:20-21; 2:1-2; 3:10, 6:12; Colosenses 1:16-20; 2:10, 15; y Tito 3:1.

La Palabra de Dios nos enseña que más allá del pecado y la maldad personal, más allá de las estructuras sociales entretejidas con designios morales pecaminosos y malvados, y más allá de un sistema de valores pecaminoso y corrupto, existe el mal "en los papeles políticos y sociales de los poderosos seres sobrenaturales".[14] La trama de la existencia social está, de hecho, atravesada por "el misterio de la iniquidad" (2 Ts 2:7).

En contra de Hendrikus Berkhoff, Walter Wink y otros, el eticista bíblico Stephen Mott afirma que estos "poderes" son poderes angelicales caídos, no fuerzas o principados sociales despersonalizados. Su cuidadosa exégesis de las Escrituras y de la literatura apocalíptica helenista y judía pertinente, lo obliga a "hacer hincapié en este trasfondo, no para introducir las [ciencias] ocultas dentro de la manera en que se comprende el mal institucional, sino por cuanto muestra el significado social y político de los poderes".[15]

La lucha de la iglesia por una espiritualidad auténtica y social, al igual que una misión integral, requiere saber que "no tenemos lucha contra sangre y carne, sino contra potestades (*exousiai*), contra los gobernadores de las tinieblas (*kosmokratores*) de este siglo, contra huestes espirituales de maldad en las regiones celestes" (Ef 6:12). Estos son "poderes" que se rebelaron contra Dios y que, según Colosenses 1:15-16, eran parte de la buena creación de Dios.

> Él es la imagen del Dios invisible, el primogénito de toda creación. Porque en él fueron creadas todas las cosas, las que hay en los cielos y las que hay en la tierra, visibles e invisibles; sean tronos, sean dominios, sean principados, sean potestades; todo fue creado por medio de él y para él.

Su poder y autoridad original (hablando de los "poderes") sobre la creación incluía la vida social y política. Esta autoridad, dada por Dios para un cuidado providencial, se ha tornado en opresión. Debemos subrayar aquí, que una sana misionología bíblica y evangélica requiere entender los "poderes" en el marco de una teología de la creación. Estos "poderes" son caídos, y según el teólogo John Yoder, "no pueden escapar completamente a la soberanía providencial de Dios. Él es aún capaz de utilizarlos para bien".[16]

Tomando una posición un poco controversial, pero de gran perspicacia y profundidad teológica, Yoder caracteriza la situación ambivalente de la humanidad en cuanto a los "poderes" y sus manifestaciones en estructuras, instituciones, y otras realidades corporativas, por medio de una paradoja: "No podemos vivir sin ellas... No podemos vivir con ellas". Permítanme citar a Yoder:

> No podría haber habido ni sociedad ni historia; el hombre no habría emergido si no hubieran existido sobre él las estructuras religiosas, intelectuales, morales y sociales. No podemos vivir sin ellas. Estas estructuras no son, y nunca han sido, una mera suma total de los individuos que la componen. El todo es más que la suma de sus partes. Y ese "más" es un poder invisible, aunque no estemos acostumbrados a hablar de ellos en términos personales o angélicos. Pero estas estructuras no sirven al hombre como de-

berían hacerlo. No lo capacitan para vivir una vida genuinamente libre, humana, amante. Se han absolutizado a sí mismas y demandan una lealtad incondicional del individuo y de la sociedad. Dañan y esclavizan al hombre. No podemos vivir con ellas.[17]

Es bueno clarificar estas palabras con una cita de mi colega, Stephen Mott:

> El orden mundial y la presencia negativa de los poderes nunca son sinónimos de las formas concretas de la vida social e institucional. Las instituciones funcionan tanto para esclavizar como para liberar la existencia humana. Los poderes siempre están presentes junto a la esclavitud y la muerte, en menor o mayor grado; pero su existencia real está detrás de las escenas en un sistema de valores hostiles que pugnan por controlar la vida del mundo.[18]

A esta altura de nuestra reflexión sobre los "poderes" lo que debemos resaltar es que estos han sido derrotados y cautivados por Cristo. Como nos recuerda Pablo en Colosenses 2:15: "Y despojando a los principados y a las potestades, los exhibió públicamente, triunfando sobre ellos en la cruz". Los "poderes" han sido "desarmados" por Cristo; no tenemos necesidad de absolutizar o de responder a sus pretensiones idolátricas y demoníacas.

Estas "buenas noticias" son parte integral de nuestra manifestación y proclamación del evangelio de Jesucristo en el poder del Espíritu. Y es en el poder del Espíritu y "vestidos de toda la armadura de Dios" (Ef 6:11-18), que la iglesia **confronta** los "poderes", por lo menos en cinco formas:

Discerniendo su presencia – Hch 4:25-28; 5:3, 9; 8:23; 13:9; 16:37
Desenmascarando sus pretensiones – Hch. 5:1-10; 8:20-23; 13:9-11
Denunciando sus pecados y maldad (papel profético) – Hch. 5:3-4, 8-9; 8:18-15; 13:10; 16:37-40
Demostrando el poder del Evangelio con señales y prodigios – Hch. 4:30; 5:10-12; 8:4-8; 12:7-11; 13:11; 19:11-12)
Dando testimonio del Señorío de Jesucristo – Hch. 2:42-47; 3:12-16; 4:8-10, 32-35; 8:4-8; 13:12; 23:11)

En nuestros "encuentros con poderes espirituales", sean ellos personales o institucionales, tenemos la garantía de que, en esta lucha

> … somos más que vencedores por medio de aquel que nos amó. Por lo cual estoy seguro de que ni la muerte, ni la vida, ni ángeles, ni principados, ni potestades, ni lo presente, ni lo por venir, ni lo alto, ni lo profundo, ni ninguna otra cosa creada nos podrá separar del amor de Dios, que es en Cristo Jesús Señor nuestro (Ro 8:37-39).

Conclusión

El pasaje que nos ha servido de caso paradigmático (Hch. 13:1-12) concluye en una nota de doble triunfo. Primero, **demuestra** la confianza que de ahora en adelante los siervos en misión tendrán en el poder del Espíritu contra los "poderes". Segundo, **confirma** el poder del Evangelio y el Evangelio de poder en la conversión, no sólo del procónsul Paulo (v. 12), sino también de todos, "los cuales el dios de este siglo [ha cegado] el entendimiento" (2 Co 4:4).

Al umbral del nuevo milenio debemos afirmar que el proyecto histórico del Espíritu –el reino de Dios– triunfará a la medida que la vida y misión de la Iglesia es formada e informada por Aquel que **escoge, envía, y equipa**.

NOTAS

[1]William Barclay, *Comentario al Nuevo Testamento: Los Hechos de los Apóstoles*, (Barcelona: Editorial CLIE, 1994 (1970)), p. 130.

[2]F.F. Bruce, *Hechos de los Apóstoles: Introducción, comentario y notas*, (Buenos Aires: Nueva Creación, 1998 (1990)), p. 291.

[3]Clark H. Pinnock, *Flame of Love: A Theology of the Holy Spirit* (Downers Grove, Illinois: Intervarsity Press, , 1996), p. 37.

[4]F.F. Bruce, *Hechos de los Apóstoles*, p. 291.

[5]David J. Bosch, *Transforming Mission: Paradigm Shifts in Theology of Mission*, (Maryknoll, N.Y.: Orbis Books, 1991), p. 390.

[6]Para más sobre "Cristología de Espíritu" véase la reciente y excelente obra de Sammy Alfaro, *Divino Compañero: Toward a Hispanic Pentecostal Christology*, Princeton Theological Monograph Series (Eugene, Oregon: Pickwick Publications, 2010).

[7]David J. Bosch, *Transforming Mission*, p. 32.

[8]C. René Padilla, *Misión integral: ensayos sobre el Reino y la iglesia*, (Buenos Aires: Nueva Creación), 1986, p. 182.

[9]Eldin Villafañe, *El Espíritu liberador: Hacia una ética social pentecostal hispanoamericana*, (Buenos Aires, Nueva Creación, 1996, [1992]), p. 161.

[10]F.F. Bruce, *Hechos de los Apóstoles*, pp. 292-293; Justo L. González, Hechos (Comentario Bíblico Hispanoamericano), (Miami, Florida: Editorial Caribe), 1992, p. 201.

[11]F.F. Bruce, *Hechos de los Apóstoles*, p. 295.

[12]William Barclay, *Comentario al Nuevo Testamento: Los Hechos de los Apóstoles*, p. 131.

[13]La literatura sobre los "poderes" es vasta, ver entre otros: Hendrikus Berkhof, *Cristo y los poderes*, (Grand Rapids, Michigan: Editorial TELL, 1985, [1953]); Walter Wink, *Naming the Powers: The Language of Powers in the New Testament*, (Philadelphia: Fortress , 1984); John H. Yoder, *Jesús y la realidad política*, (Certeza, 1985); Thomas H. McAlpine, *Facing the Powers: What are the Options?* (Monrovia, CA: MARC, 1991).

[14]Stephen C. Mott, *Etica bíblica y cambio social*, (Buenos Aires: Nueva Creación, 1995, [1982]), pp. 6-7. En esta sección de mi exposición dependo de mi obra, *El Espíritu liberador*, pp. 156-158.

[15]Ibid., p. 8.
[16]John H. Yoder, *Jesús y la realidad política*, p. 106.
[17]Ibid., p. 107.
[18]Stephen C. Mott, *Ética bíblica y cambio social*, p. 16.

Apéndice B
La verdadera prosperidad: Una meditación pastoral
Roberto Miranda

Cómo cristiano, creo que la persona auténticamente exitosa debe primero haber pasado por un proceso espiritual formativo. Cuando un hombre o una mujer de Dios llega al éxito material, debe haberlo hecho al estilo del cielo. Es decir, deben haber sido establecidas en su corazón las prioridades correctas. Debe haber muerto en todo lo posible al amor a las posesiones y la aprobación de los hombres. Debe haber sido pasado por un proceso de formación y quebrantamiento que lo lleve a desear sobre todo que Dios sea glorificado por medio de su vida y sus talentos.

Por medio de ese proceso preparativo, el hombre o la mujer que agrada a Dios puede relacionarse con la prosperidad en una forma apropiada. Si vienen las riquezas o el éxito profesional los sostiene livianamente, no apegándose a ellos. Comparte generosamente de sus bienes con el Reino y con los demás. Siempre ha de darle a Dios la gloria por todo lo que recibe o alcanza. Y siempre estará poderosamente consciente de su fragilidad y dependencia total de Dios. Verá los recursos que tiene a su disposición como un medio de bendecir a otros, y como una oportunidad de constituirse en un canal de la gracia y provisión divinas aquí en la tierra.

Aconsejando al joven pastor Timoteo, el apóstol Pablo lo pone de esta manera:

A los ricos de este siglo manda que no sean altivos, ni pongan la esperanza en las riquezas, las cuales son inciertas, sino en el Dios vivo, que nos
da todas las cosas en abundancia para que las disfrutemos. Que hagan
bien, que sean ricos en buenas obras, dadivosos, generosos; atesorando
para sí buen fundamento para lo por venir, que echen mano de la vida
eterna (1 Ti 6:17–19).

En otras palabras, el éxito terrenal debe ser manejado con un gran
sentido de desprendimiento, con una desarrollada consciencia de
su valor limitado a la luz de los valores eternos. Deberá también
estar templado por la convicción de que la riqueza y el prestigio son
cosas efímeras y poco confiables. Un día están y otro día pueden
desaparecer. La esperanza debe estar puesta siempre en Dios, "el
Dios vivo"; es decir, el Dios de poder, el que nunca cambia. Aquel en
quien siempre podemos confiar. Y más que para provecho propio
exclusivo aquí en la tierra, nuestras inversiones deberán redundar
en beneficio de los demás y fortalecimiento de nuestra jornada hacia
la eternidad.

Jesús ha expresado esta profunda verdad con palabras poéticas:

No os hagáis tesoros en la tierra, donde la polilla y el orín corrompen, y
donde ladrones minan y hurtan; sino haceos tesoros en el cielo, donde ni la
polilla ni el orín corrompen, y donde ladrones no minan ni hurtan. Porque
donde esté vuestro tesoro, allí estará también vuestro corazón (Mt 6:19–21).

El no hacernos "tesoros en la tierra" quiere decir que no debemos poner nuestro afecto esencial sobre las posesiones materiales. O, en realidad, ¡sobre nada de este mundo! Podemos
esforzarnos por alcanzar el éxito y disfrutar de la vida. Pero jamás
debemos poner nuestra esperanza en nada que esté condicionado
al tiempo y el espacio. ¡Todas estas cosas por definición son pasa-
jeras y poco confiables! Nuestras mejores energías, el afecto de
nuestro corazón, debe estar reservado para las cosas eternas, para
todo lo que tiene que ver con el Reino de los cielos. Por eso el
apóstol Juan nos aconseja:

No améis al mundo, ni las cosas que están en el mundo. Si alguno ama al
mundo, el amor del Padre no está en el. Porque todo lo que hay en el mundo,
los deseos de la carne, los deseos de los ojos, y la vanagloria de la vida, no
proviene del Padre, sino del mundo. Y el mundo pasa, y sus deseos; pero el
que hace la voluntad de Dios permanece para siempre (1 Jn 2:15-17).

Podemos perseguir los bienes materiales, pero sin afán, sin permitir que nuestra felicidad o autoestima se fundamente en ellos. El que pone su amor sobre el éxito material se constituye en un idólatra: Pone lo creado en el lugar que sólo le pertenece al Creador. Esa actitud inevitablemente ha de acarrear la desaprobación divina. Es tan grande el desagrado de Dios, de hecho, que la Biblia lo pone en términos de **enemistad**. Lo que el apóstol Santiago llama "la amistad del mundo" es profundamente ofensivo ante los ojos de Dios, sobre todo cuando se trata de un creyente: "¡Oh almas adúlteras! ¿No sabéis que la amistad del mundo es enemistad contra Dios? Cualquiera, pues, que quiera ser amigo del mundo, se constituye enemigo de Dios" (Stg. 4:4). Tener amistad con el mundo quiere decir apegarse a las cosas de este mundo, asignarles más valor e importancia de lo que merecen, amar más las cosas materiales que al Creador de la materia.

Por eso creo que puede resultar tan peligroso y dañino lo que se predica actualmente en tantas iglesias con respecto al tema de la prosperidad y el éxito. Frecuentemente, al hablar de la herencia de prosperidad y bendición que les toca a los hijos de Dios, los predicadores no somos lo suficientemente cautelosos en preparar el corazón y la mente del pueblo antes de enviarlos en búsqueda de su bendición. Mucho de lo que pasa por enseñanza sobre la prosperidad bíblica en nuestro tiempo no es más que una manipulación crasa de la avaricia y el materialismo que rige a la cultura moderna. La sana enseñanza sobre el *Shalom* y la plenitud de vida que hay en Cristo frecuentemente se ha convertido en un asunto de magia y hasta de brujería.

Mucha de la enseñanza actual sobre la prosperidad reduce la bendición de Dios a una serie de acciones equivalentes: Si le damos a Dios una cierta cantidad, recibiremos nuestra "inversión" multiplicada. Si diezmamos a la iglesia o el pastor, indefectiblemente veremos aumentar nuestra cuenta de banco. Si oramos lo suficiente, con la suficiente fe, Dios tendrá que responder a nuestras peticiones de salud y prosperidad material.

¡A fin de cuentas, lo único que logra este tipo de enseñanza engañosa es desvalorar el evangelio y reducirlo al nivel de una lotería barata! Simplifica en exceso lo que en realidad debiera ser un proceso orgánico y a largo plazo, compuesto de muchas piezas interrelacionadas. Como resultado, engendramos en las pobres esperanzas falsas. Cada domingo les damos una inyección de adrenalina espiritual, y los enviamos de regreso a sus casas tan derrotados e incapaces de asegurarse la verdadera bendición de Dios como cuando entraron a la iglesia. No les enseñamos cómo luchar legítimamente por su herencia. No les proveemos la enseñanza práctica y detallada sobre cómo aplicar los sanos principios de la Escritura para atraer la bendición de Dios sobre todas las áreas de sus vidas.

Hay que aclarar: **¡No se trata de que la enseñanza sobre la prosperidad de los hijos de Dios en sí sea falsa!** Esa visión que anima al pueblo de Dios a quitar la mirada de su pobreza, aspirar a una vida de excelencia y concientizarse con respecto a los asombrosos recursos que tiene a su disposición sin duda alguna es certera y responde a patrones bíblicos. Estamos diciendo que debe ser matizada y puesta en su contexto correcto. Debe estar acompañada de "todo el consejo de Dios". Debe incluir sanas advertencias contra el afán y la avaricia. Debe inclinar el corazón hacia obras de misericordia y justicia social. Debe poner la mirada del creyente sobre todo en las cosas del Espíritu. Debe animar a la gente a no sólo ver a Dios obrando cuando hay victoria y bonanza, sino también en medio de las pruebas, cuando Dios a veces está formando nuestro carácter y preparándonos para ser siervos dignos y útiles para su Reino.

La verdadera enseñanza sobre la prosperidad no debe engendrar la creencia falsa de que Dios siempre hará lo que le pedimos si usamos la fórmula correcta. No debe rehuir la predicación sobre la Cruz y el desierto, sino ponerlos en un lugar prominente, pues a veces se trata de los instrumentos más sublimes que Dios usa para bendecirnos y formarnos. Finalmente, debe animar al pueblo de Dios a "poner la mira en las cosas de arriba, no en las de la tierra". Debe inspirarlo a hacer su meta principal en el mundo el parecerse cada día más a Cristo, y reflejar las hermosas cualidades de su carácter. Después de todo, ¡esto es lo que constituye el verdadero éxito! Todo lo demás pertenece a la categoría de "añadidura", para emplear el gráfico lenguaje de Jesús.

Una conocida ilustración sobre el paradójico éxito de la vida de Jesús nos recuerda esta profunda verdad:

> He aquí un hombre nacido en una oscura aldea, hijo de una campesina. Pasó toda su juventud en otra pequeña aldea.
>
> Trabajó en una carpintería hasta la edad de treinta años. Luego, durante tres años fungió como predicador itinerante.

Nunca tuvo su propia casa. Nunca escribió un libro. Nunca ocupó un cargo público. Nunca tuvo una familia.

Nunca asistió a la universidad. Nunca pisó las calles de una gran ciudad. Nunca viajó más de trescientos kilómetros del lugar donde nació. Nunca tuvo uno solo de los logros que usualmente acompañan la grandeza. No tuvo más credenciales que su propia persona.

Aún muy joven, la opinión se tornó en su contra. Sus amigos lo abandonaron. Uno de ellos lo negó. Lo entregaron a sus enemigos. Tuvo que soportar la farsa de un juicio en su contra. Lo clavaron a una cruz entre dos ladrones. Mientras agonizaba, los que lo ejecutaron echaron suertes sobre la única cosa que fue de su propiedad—su túnica. Al morir, lo enterraron en una tumba prestada gracias a la compasión de un amigo.

Sin embargo, han pasado veinte siglos, y él se ha convertido en el centro mismo de la raza humana, el paladín de la marcha hacia el progreso.

No resulta exagerado decir que todos los ejércitos que han marchado, todas las armadas construidas, todos los parlamentos que han sesionado, y todos los reyes que han gobernado, puestos juntos, no han afectado tan poderosamente la vida de la humanidad sobre la tierra, como la ha hecho la vida de ese solitario personaje.[1]

La poderosa vida de Jesús, gestada con la oscura materia prima de sufrimientos y aparentes fracasos y derrotas, nos recuerda que Dios frecuentemente se vale de estos humildes materiales para producir los resultados mas sublimes e inesperados. Nuestro entendimiento del éxito y la prosperidad tiene que estar a la altura de los misteriosos procedimientos del artesano divino.

Me suscribo totalmente al lenguaje de la prosperidad bíblica. Creo que es parte de esa visión de vida abundante que la Palabra nos llama a adoptar como principio gubernativo de nuestras vidas. Pero como pastor y predicador, siempre me esforzaré en preservarle toda su belleza y misterio. Se trata de una enseñanza sublime, redondeada por mil matices y múltiples principios espirituales. Lo que pretendemos a través de esta meditación es hacerle justicia a ese poderoso principio espiritual y abordarlo con la complejidad requerida. De esa enseñanza sobria y balanceada podrán surgir vidas verdaderamente bendecidas y prósperas, "instrumento para honra, santificado, útil al Señor, y dispuesto para toda buena obra" (2 Ti. 2:21).

NOTA

[1]Dr. James Allan Francis ("One Solitary Life"), "Jesus: A Brief Life", publicado en hojas sueltas (Los Angeles: American Baptist Publication Society, c. 1930).

Apéndice C
Sociedades académicas pentecostales y demás
(Lista selectiva)[1]

Norteamérica
Society for Pentecostal Studies
PNEUMA: The Journal of the Society for Pentecostal Studies
Journal of Pentecostal Theology
Cyberjournal for Pentecostal-Charismatic Research
Canadian Pentecostal Research Network
Canadian Journal of Pentecostal-Charismatic Christianity

Caribe y América Latina
Centro para la Reflexión Teológica de Puerto Rico
Asociación de Teólogos e Investigadores del Pentecostalismo
Comisión Evangélica Pentecostal Latinoamericana
Pentecostalidad: Revista Latinoamericana de Teología Pentecostal

Europa
European Pentecostal Theological Association
The Hollenweger Center for Interdisciplinary Study of Pentecostal and Charismatic Movements.
European Pentecostal and Charismatic Research Association
Bulletin voor Charismatische Theologie

Africa
Society for Pentecostal Theology
Pentecostal Theological Association of Southern Africa
Africa Journal of Pentecostal Studies

Asia
Asian Pentecostal Society
Asian Charismatic Theological Society
Korean Pentecostal Society
Japan Society for Pentecostal Studies

Oceanía
Australasian Pentecostal Studies
Renewal Journal

NOTA

[1]Para una lista exhaustiva de centros académicos pentecostales véase, Pentecostal-Charismatic Theological Inquiry International, http://www.pctii.org/academic.html (accessed 7/5/2011).

Apéndice D
Centros de investigaciones y archivos pentecostales
(Lista selectiva)[1]

Norteamérica

Pentecostal-Charismatic Theological Inquiry International
Flower Pentecostal Heritage Center
Dixon Pentecostal Research Center
Holy Spirit Research Center, Oral Roberts University
International Pentecostal Holiness Church Archives and Research Center
David J. DuPlessis Archive, Fuller Theological Seminary
Regent University Library
Seymour Institute for Advance Christian Studies
Pentecostal Assemblies of Canada Archives
"World Christian Database", Center for the Study of Global Christianity (no-pentecostal, pero fuente demográfica sobre el pentecostalismo global).

Latinoamérica

Servicio de Información Pentecostal de América Latina y el Caribe
Instituto Peruano de Estudios de la Religión
Departamento Ecuménico de Investigaciones (no-pentecostal)

Europa, Africa y Asia

University of Bermingham Centre for Pentecostal & Charismatic Studies

Donald Gee Centre for Pentecostal and Charismatic Research

GloPent, Eupean Research Network on Global Pentecostalism

Swedish Pentecostal Research and Information Center

Centre for Pentecostal and Charismatic Studies, Accra, Ghana

Asia Pacific Research Center

NOTA

[1]Para una lista exhaustiva de centros de investigaciones pentecostales véase, Pentecostal-Charismatic Theological Inquiry International, http://www.pctii.org/research.html (accessed 7/5/2011).

Bibliografía
(Selecta)

Alexander, Estrella and Amos Yong, eds. *Philip's Daughters: Women in Pentecostal-Charismatic Leadership*. Eugene, Oregon: Pickwick Publications, 2009.

Alfaro, Sammy. *Divino Compañero: Toward a Hispanic Pentecostal Christology*. Eugene, Oregon: Pickwick Publications, 2010.

Álvarez, Carmelo, ed. *Pentecostalismo y liberación: Una experiencia latinoamericana*. Costa Rica: DEI, 1992.

Althouse, Peter. *Spirit of the Last Days: Pentecostal Eschatology in Conversation with Jürgen Moltmann*. London: T&T Clark International, 2003.

Anderson, Allan. *An Introduction to Pentecostalism*. Cambridge, UK: Cambridge University Press, 2004.

Boudewijnse, Barbara y Andre Droogers, Frans Kamsteeg, editores. *Algo más que opio: Una lectura antropológica del pentecostalismo latinoamericano y caribeño*. San José, Costa Rica: Editorial DEI, 1991.

Burgess, Stanley M., ed. *Christian People of the Spirit: A Documentary History of Pentecostal Spirituality from the Early Church to the Present*. New York: NYU Press, 2011.

Burgess, Stanley M. y Edward M. Van Der Maas, editores. *The New International Dictionary of Pentecostal and Charismatic Movements*, revised and expanded edition. Grand Rapids, MI: Zondervan, 2002.

Campos, Bernardo. *De la reforma protestante a la pentecostalidad de la iglesia: Debate sobre el pentecostalismo en América Latina*. Quito, Ecuador: CLAI, 1997.

Chan, Simon. *Pentecostal Theology and the Christian Spiritual Tradition*. Eugene, OR: Wipf & Stock Publishers, 2011.

Chestnut, R. Andrew. *Born Again in Brazil: The Pentecostal Boom and the Pathogens of Poverty*. New Jersey: Rutgers University Press, 1997.

Cox, Harvey. *Fire from Heaven: The Rise of Pentecostal Spirituality and the Reshaping of Religion in the Twenty-first Century*. Reading, MA: Addison-Wesley, 1995.

Cruz, Samuel. *Masked Africanism: Puerto Rican Pentecostalism*. Dubuque, Iowa: Kendall/Hunt Publishing Co., 2005.

Dayton, Donald. *Raíces teológicas del pentecostalismo*. Buenos Aires: Nueva Creación/Wm. B. Eerdmans, 1991 [1987].

De León, Victor. *The Silent Pentecostals: A Biographical History of the Pentecostal Movement Among Hispanics in the Twentieth Century*. South Carolina: Faith, 1979.

Domínguez, Roberto. *Pioneros de Pentecostés: En el mundo de habla hispana*, vol. 1, Norteamérica y las Antillas. Miami, Florida: Literatura Evangélica, 1971.

Espinosa, Gastón: "Borderland Religion: Los Angeles and the Origins of the Pentecostal Movement in the U.S., Mexico, and Puerto Rico, 1900-1945" (Ph.D. diss., University of California, Santa Barbara, 1999).

Fee, Gordon. *God's Empowering Presence: The Holy Spirit in the Letters of Paul*. Grand Rapids, MI: Baker Academic, 2009.

_____. *The Disease of the Health & Wealth Gospels*. Costa Mesa, CA: The Word for Today, 1979.

Gunter Brown, Candy, ed. *Global Pentecostal and Charismatic Healing*. Oxford: Oxford University Press, 2011.

Hollenweger, Walter J. *Pentecostalism: Origins and Developments Worldwide*. Peabody, MA: Hendrickson, 1997.

Hoover, Willis. *Historia del avivamiento Pentecostal en Chile* (1931). Valparaiso: Imprenta Excelsior, 1948.

Kalu, Ogbu. *African Pentecostalism: An Introduction*. Oxford: Oxford University Press, 2008.

Kärkkäinen, Veli-Matti. Pneumatology: *The Holy Spirit in Ecumenical, International, and Contextual Perspective*. Grand Rapids, MI: Baker Academic, 2002.

_____, ed. *The Spirit in the World: Emerging Pentecostal Theologies in Global Contexts*. Grand Rapids, MI: Wm. B. Eerdmans, 2009.

Lalive, D'Epinay, Christian. *El refugio de las masas: Estudios sociológicos del protestantismo chileno*. Santiago, Chile: Editorial del Pacífico, 1968.

Land, Steven J. *Pentecostal Spirituality: A Passion for the Kingdom*. Sheffield, England: Sheffield Academic Press, 1993.

Lopez R., Darío. *Pentecostalismo y misión integral: Teología del Espíritu, Teología de la vida*. Lima, Perú: Ediciones Puma, 2008.

Lugo, Juan L. *Pentecostés en Puerto Rico: La vida de un misionero*. San Juan, Puerto Rico: Puerto Rico Gospel Press, 1951.

Macchia, Frank D. *Baptized in the Spirit: A Global Pentecostal Theology*. Grand Rapids, MI: Zondervan, 2006.

Maloney, H. Newton y A. Adams Lovekin. *Glossolalia: Behavioral Science Perspective on Speaking in Tongues*. New York: Oxford University Press, 1985.

Martin, David. *Tongues of Fire*. Oxford: Basil Blackwell, 1990.

Miller, Donald E. and Tetsunao Yamamori. *Global Pentecostalism: The New Face of Christian Social Engagement*. Berkeley, CA: University of California Press, 2007.

Moltmann, Jürgen. *The Spirit of Life: A Universal Affirmation*. Minneapolis, Minnesota: Augsburg, 1992.

Ocaña Flores, Martín. *Los Banqueros de Dios: Una aproximación evangélica a la Teología de la Prosperidad*. Lima, Perú: Ediciones Puma, 2002.

Petersen, Douglas. *Not by Might nor by Power: A Pentecostal Theology of Social Concern in Latin America*. Oxford: Regnum Books International, 1996.

Pinnock, Clark H. *Flame of Love: A Theology of the Holy Spirit*. Downers Grove, IL: Intervarsity Press, 1996.

Ramos Torres, David. *Historia de la Iglesia de Dios Pentecostal, MI: Una Iglesia ungida para hacer misión*. Rio Piedras, Puerto Rico: Editorial Pentecostal, 1992.

Robeck, Jr., Cecil M. *The Azusa Street Mission & Revival: The Birth of the Global Pentecostal Movement*. Nashville, TN: Thomas Nelson, Inc., 2006.

Sanchez, Ramon, (con: Roberto Domínguez y Eldin Villafañe). *Ricardo Tañón: El Poder y la Gloria de Dios*. San Juan, Puerto Rico: Romualdo Real, 1980.

Sanchez Walsh, Arlene M. *Latino Pentecostal Identity: Evangelical Faith, Self, and Society.* New York: Columbia University Press, 2003.

Saracco, Norberto: "Las opciones liberadoras de Jesús". *Misión* N. 3, (octubre-diciembre 1982), pp. 8-12.

Sepúlveda, Juan. "Reflections on the pentecostal contribution to the mission of the church in Latin America". *Journal of Pentecostal Theology.* Issue 1 (1992), pp. 93-108.

Smith, James K.A. *Thinking in Tongues: Pentecostal Contributions to Christian Philosophy.* Grand Rapids, MI: Wm. B. Eerdmans, 2010.

Solivan, Samuel. *The Spirit, Pathos and Liberation: Toward an Hispanic Pentecostal Theology.* Sheffield, England: Sheffield Academic Press. 1998.

Stronstad, Roger. *The Carismatic Theology of St. Luke.* Peabody, MA: Hendrickson, 1984.

Synan, Vinson. *El siglo del Espíritu Santo: Cien años de renuevo pentecostal y carismático.* Buenos Aires, Argentina: Editorial Peniel, 2005.

Tarr, Del. *The Foolishness of God: A Linguist Looks at the Mystery of Tongues.* U.S.A.: The Access Group, 2011.

Villafañe, Eldin. *El Espíritu liberador: Hacia una ética social pentecostal hispanoamericana.* Buenos Aires, Argentina: Nueva Creación. 1993.

Wacker, Grant. *Heaven Below: Early Pentecostal and American Culture.* Cambridge, MA: Harvard University Press, 2001.

Wenk, Matthias. *Community Forming Power: The Social-Ethical Role of the Spirit in Luke-Acts.* Sheffield, England: Sheffield Academic Press, 2000.

Yong, Amos. *In The Days of Ceasar: Pentecostalism and Political Theology.* Grand Rapids, MI: Wm. B. Eerdmans, 2010.

Sobre el autor

El Dr. ELDIN VILLAFAÑE, (Ph. D., Boston University) nació en Santa Isabel, Puerto Rico, y es Profesor de Ética Cristiana Social, del Seminario Teológico Gordon-Conwell, Boston, MA., USA. El Dr. Villafañe fue el director fundador del Centro para la Educación Ministerial Urbana (CUME) de Gordon-Conwell, un centro multilingüe y multicultural, sirviendo a más de quinientos estudiantes.

Antes de estar en Gordon-Conwell fue ministro de educación de la Iglesia Cristiana Juan 3:16 en el Bronx, Nueva York, en aquel entonces la iglesia latina más grande en los Estados Unidos. El Dr. Villafañe fue cofundador y el primer presidente de La Comunidad de Hispanic American Scholars of Theology and Religion; cofundador y presidente de la Asociación para la Educación Teológica Hispana (AETH); y presidente de la Society for Pentecostal Studies (SPS).

El Dr. Villafañe, ministro ordenado de las Asambleas de Dios, fue profesor visitante de Harvard Divinity School (1998). El National Catholic Reporter (1992) lo nombró como uno de los diez eruditos y líderes religiosos latinos más influyentes de los Estados Unidos. Recientemente el National Hispanic Christian Leadership Conference nombró al Dr. Villafañe entre los nueve, "Top Hispanic Evangelical Scholars" en los Estados Unidos.

CPSIA information can be obtained at www.ICGtesting.com
Printed in the USA
LVOW132238210512

282607LV00004BA/2/P